JN014734

ファミリーガバナンス

スムーズな事業承継を実現するために

Family governance

階戸照雄
加藤孝治 編著

三井住友信託銀行株式会社
デロイト トーマツ税理士法人 著

中央経済社

はじめに

現在，日本経済は重大な岐路に立たされています。技術革新によってビジネスのルールが見直されたり，グローバリゼーションが進展したりするなど重要な問題が多数あります。それと同じように，多くの日本企業にとって重要な問題が事業承継問題です。日本企業の多くは中小企業で，その割合は圧倒的に多く，かつ，その大半は創業家が事業を続けるファミリービジネス（同族企業ともいいますが，本書ではファミリービジネスで統一します）です。既に何代も続き100年以上の歴史を持つ老舗企業も，戦後の高度経済成長期に開業し，今，創業世代から初めて事業承継をする企業も，同じように事業の継続に不安を感じ，どのように事業を承継すべきか悩んでいます。そのことは2019年度の『中小企業白書』にも示されています[1]。事業承継の行く末は，今後の日本経済の動向を左右する重要な問題となるでしょう。だからこそ，政府も事業承継税制を提示し，本腰を入れて対策に取り組んでいるのです。

本書では事業を安定的に軌道に乗せるファミリーガバナンスの重要性を示しつつ，スムーズに事業承継をするには何をなすべきか，解決法としてどのような方法が考えられるかを取り上げました。ファミリービジネスにおける問題の本質を明らかにすることは，多くの日本企業の事業承継にきっと役に立つでしょう。

結論を先にいえば，スムーズに事業承継するには，事業承継の時だけでなく，その前から周到な準備が大事です。ファミリービジネスでは，企業運営と家族運営を両立させることが大事ですが，事業承継をスムーズに進めるためには，企業サイドで経営が安定するようにコーポレートガバナンスを確立するだけでなく，ファミリーとの関係を良好に保つファミリーガバナンスを意識した経営が重要です。もちろん，今，まさに事業承継に直面している人にタイムマシンを用意することはできませんので，過去にはさかのぼれませんが，そのような場合には今からでも間に合うように，財務ソリューションも示しました。

日本のファミリービジネスに求められるスムーズな事業承継を実現する方法を理解してもらうために，本書は，理論編と実践編の大きく２つのパートに分かれています。第１部の理論編は，「理論と歴史に学ぶファミリーガバナンス」です。第１章でファミリービジネスの理論を見たあと，第２章では，昨今のコーポーレートガバナンス改革の動きを踏まえつつ，ファミリービジネスに求められるガバナンスを確認します。そして，第３章では日本のファミリーガバナンスの歴史的事例として，三井家を取り上げました。

次に，第２部の実践編は「後継者育成・事業承継に役立つ解決策」として，具体的な手法を示しました。第４章は事業承継と後継者育成に役立つ「パラレル・プランニング・プロセス・モデル」の紹介です。第５章と第６章は，デロイトトーマツ税理士法人および三井住友信託銀行から，金融ソリューションとして，ファミリーオフィスの活用と，信託スキームを紹介しています。２つのパートを通じて，事業承継に直面するファミリービジネスが，どのような問題を抱えていて，その解決に向けてどのような取組みができるのかを示しました。本書を読めば，ファミリービジネスに関係する方々は，事業承継とファミリーガバナンスについて理解を深め，具体的な対応策に着手できるでしょう。

この本が想定している読者は，以下のような方々です。

まずは，現在，ファミリービジネスに関係しているファミリーの方々です。実際にファミリービジネスを経営している方だけでなく，仕事はしていないが，少数株式を保有するようなファミリービジネスの関係者も対象です。そのような方々も，ファミリービジネスが抱える重要な課題は何であるか理解してもらい，それに取り組む際の実践的なヒントを紹介しています。なお，ファミリービジネスといっても，上場大企業から家族経営の中小企業まで幅広く存在しますが，本書は，どのような規模の企業の関係者にとっても参考になると考えます。事業規模にかかわらず，日々の事業運営および事業承継の際に役に立つ知識・アイデアには共通する部分があるからです。幅広いファミリービジネス関係者の方々に手に取って頂けるようにしています。

また，ファミリービジネスのオーナーから相談を受けているような金融機関あるいは税理士や独立系コンサルタントの方も読者として想定しています。日本では，これまで中小企業の経営は，税理士がサポート役を担っていました。今後は，地方のファミリービジネスへのサポートは，税理士の方々だけでなく，地元企業と密着し地元経済の活性化に取り組む地域金融機関の方々も担い手となります。多くの方がサポートすることで，地方のファミリービジネスが活性化することが必要なのです。そのようなファミリービジネスをサポートする方々にも，是非読んで頂きたいのです。

最後に，大学あるいは大学院で経営学を学んでいる方々です。ファミリービジネスは，最近の経営学研究の中で，頻繁に取り上げられるようになってきました。従来，海外の研究者は取り上げているが，日本では研究が進んでいないといわれてきたのですが，最近は日本国内でもさまざまな分野で注目されるようになりました。ファミリービジネスの分野で研究を進めたいと考える方々に対しては，本書は入門書的な役割を果たすことができるでしょう。

いずれにせよ，多くのファミリービジネスに従事している方に手に取って頂き，それぞれのファミリーが直面する事業承継という重要課題の解決に少しでも役立つことを願っています。

本書の出版にあたっては，公益財団法人トラスト未来フォーラムによる助成を受けています。また，本書第３章を作成するにあたり，三井文庫の吉川容氏には多大なご助言を頂きました。最後に，事業承継が日本の多くの企業の問題となっていることに理解を示し，力強いサポートを頂いた中央経済社の山本継社長と酒井隆副編集長のご尽力により本書を出版することができました。あわせて，ここに感謝申し上げます。

令和２年３月

階戸照雄
加藤孝治

目　次

序　章

日本には多くのファミリービジネスがあります。その中には，100年以上の社歴を数える老舗企業もありますが，第二次世界大戦後に事業を開始した比較的社歴の短い企業もあります。いずれの企業を見てもその多くが，今後10年のうちに事業承継に直面するといわれています。2019年度版の『中小企業白書』が取り上げた日本企業が直面する事業承継の問題を見ると，企業経営者の年齢分布のピークは，1995年からの23年間に22歳上昇し，2018年には69歳になりました。高齢化が進行したことは明らかです。この間，事業承継が進まず，このままだと今後10年以内に多くの企業の経営者は70代後半となります。事業承継が円滑に進まなければ，その企業は廃業となります。

『中小企業白書』によれば，事業承継が行われた企業のうち55％が親族内承継です。そして，ファミリーの中での事業承継が行われる場合には，承継後の働きぶりに対する満足度は高く，また承継までに相当な時間をかけて後継者教育もできたというアンケート結果もあります。日本の企業のうち９割以上はファミリービジネスであり，まだ承継が進んでいない企業の中には，やむを得ず親族外への承継を選択せざるを得なくなった企業も増えてくるかもしれません[2]。ファミリービジネスのオーナーとしては，親族内承継を希望しながらも断念せざるを得ない状況となっているのです。

こうしたファミリービジネスの事業承継あるいは事業継続が問題となるのは，その多くが地方経済の担い手として，これまで地域をけん引してきたという経緯があるからです。地元に根付いたファミリービジネスが事業を継続できなくなれば，地方経済はますます衰退しかねません。地域と密着した企業として，ファミリービジネスが地方経済の活性化に向けて，Win-Winの関係で発展することが望まれます。

ファミリービジネスが事業承継を進める際に重要なこととして，創業者あるいは創業者一族が作り上げた「会社の性格，文化，守るべきもの」などの価値観を，承継後の経営者がどのような企業形態でいかなる手段を使って受け継いでいくかという問題があります。時代は大きく変わっています。人工知能の導入や，グローバリゼーションの進行など，事業環境が大きく変化しており，多くの企業が大胆なビジネス・モデルの見直しを迫られています。時代の変化が速くなり，新しい技術を活用したビジネス・モデルの構築が求められる中で，それまで事業を担っていた先代と，新たな変化への対応を迫られている後継者にとっては，価値観のギャップが生じかねない状況となっています。先代の考えを尊重しつつ，新たな時代に適応した価値観を出していかなくては，事業を継続することは困難です。新たな時代の経営者は「守るべきもの」と「変えるべきもの」を事業承継のタイミングに合わせて見直さなくてはいけないのです。その一方で，単独での事業継続が難しくなっている企業に対し，新たな切り口を持った強力なリーダーシップを持つ経営者によって，ファミリービジネスが買収されていく動きもみられます。変化に直面し既存の企業スタイルを踏襲するか，新たな専門経営者の時代に移行していくか，という大きな岐路に立たされている企業がたくさんあるのです。

後継者には，もう１つ大きな問題があります。「人生100年時代」といわれ，先代が元気で長生きするようになっているのです。そのこと自体は，大変喜ばしいことですが，それだけ，後継者が事業承継するタイミングが難しくなります。承継後も長生きする先代は何を考え，後継者は先代とどのように関係を築くのか，もう一度両者の関係性を見直さなくてはいけないでしょう。一緒に事業を担う時期を経て，事業承継を行ったあと，後継者が経営する企業に対し先代はどう関与すべきか，新たな事業承継スタイルを構築することが求められてくるでしょう。今こそ，長期的視点を持って変化に対応することができるファミリービジネスの強みが発揮されるべき時代です。

あとで詳しく見ますが，ファミリービジネスとはいえ，世界的な大企業もあれば，地方の中小企業もあります。上場している企業も非公開の企業もあります。多くのファミリービジネスに共通することは，どの企業も一般的な企業形態を持つ営利組織であるということです。どこの国のどのような規模のファミリービジネスも同じような課題を抱えています。本書では，その悩みのすべてを取り上げることはできませんので，いくつかの「リサーチクエスチョン」に絞り込みました。ここでいうリサーチクエスチョンは，１つのテーマを考えるときに，何を答えにしたらよいのかを導き出すための「切り口」と考えてもらえればわかりやすいでしょう。ファミリービジネスの事業承継ということをテーマにしつつ，以下の３点を取り上げて考えていきます。

① 日本のファミリービジネスは，海外のファミリービジネスと比べて何が違うか。「日本企業ならでは」という観点がいつも強みになるとは限りませんが，強みがなければ勝ち残ることはできません。
② ファミリービジネス経営者が「『なすべきこと』と『なさざるべきこと』」を区別できない（コンプライアンスに対する意識が低い）という指摘があります。ビジネスとファミリーをマネジメントするために，どのように「ファミリーガバナンス」を考えたらよいでしょうか。
③ ファミリービジネスには，それぞれ固有の事情があり，経営改善の方策や，事業承継の方法は一様ではありません。それぞれの企業に適した事業承継の方法はどうしたら見つかるのでしょうか。

これらの切り口は，考える人によって異なる答えが出てくるでしょう。答えのない問いを考える，これこそが一番重要な話なのです。本書では，ファミリービジネスの良い面，悪い面を見ながら，その事業を承継する方法，問題点を考えていくヒントを出していきますので，それぞれで答えを考えてください。

●ファミリービジネスにおけるガバナンス

ファミリービジネスであれ，非ファミリービジネスであれ，企業運営が適切に行われていくためには，企業統治（コーポレートガバナンス）は重要です。現在のファミリービジネスの経営者たちは，自らの襷を後継者に引き継ぐために，企業理念をどう引き継ぐか，人材をどう育てるか，企業として何をなすべきかをよく考えなくてはいけません。また，事業を承継するオーナー経営者はこれまでの自らの経営姿勢を企業ミッションあるいは社風として定着するように，従業員を家族の一員として目配りする必要があるでしょう。

企業の組織運営においては，会社の規律・ガバナンスは重要です。ファミリービジネスにおいて，会社・ファミリーに対する忠誠心を背景に，この意識が強いことが多いのですが，「思い」だけでは承継することは難しく，承継が失敗することも散見されます。事業承継にあたっては，創業者の存在によって保たれてきたガバナンスを維持することが問題となります。ファミリービジネスにおいては，創業者の存在によって，社員は無形の（暗黙知的な）ガバナンス意識を持つこととなりますが，逆にいえば，社員の側から創業者の暴走を止めることの難しさも指摘されています。ただし，上場大企業が不祥事を起こした時と同様にそのインパクトは大きく，事業存続を危ぶまれるケースも少なくありません。先代には忠義を尽くしたが，若社長のいうことは聞かない古参社員の存在が障害となるケースもあります。

後継者に移行するときに，新たな経営者が求心力の源泉になり切れないと，先代経営者の存在が事業承継の障害となりかねません。ファミリー経営者の存在は企業の継続にとってシンボリックな意味合いも含め，精神的な支柱として重要な存在になります。これまでの日本企業の中には，事業承継の際に家訓などの形で創業者や先代の意思を残し繋いでいくことで，その思いを神格化し，継承者の間で「イエ」を守ろう，繋いでいこうという概念とともに，事業の規律は保たれていくという事例も見られます。

ガバナンスについては，第２章でコーポレートガバナンスを考えるとともに，ファミリービジネスに必要なファミリーガバナンスを取り上げます。さらに，

第３章では江戸時代から明治時代にかけての日本企業が持っていた「ガバナンス」意識を確認します。

●ファミリービジネスが承継するもの

本書においてガバナンスを中心的なテーマとして考えたのは，スムーズな事業承継を実現するために，常日頃から「正しい企業経営」が行われている必要があると考えたからです。スムーズな事業承継には，創業者が事業を成長させていく過程で築き上げた「企業理念」「社風」が承継されていくことが必要です。企業理念は，会社が承継された後も外部からの信頼を維持し，従業員が引き続き会社に対する忠誠心を保持するための拠り所と考えられます。取引先・顧客との間の信頼の概念は，日本文化に裏打ちされた日本企業の競争優位性であり，それがファミリービジネスにおいても事業を継続させていく上の重要なポイントとなるでしょう。

日本企業の特徴の１つとして挙げられる「家族主義」は，日本企業の事業承継を考えるうえで，意識すべきキーワードです。日本の場合，非ファミリービジネスにおいても，家族主義的経営が行われているといわれていますが，家族主義的経営の良い点も悪い点もあります。その特徴を整理することで，事業承継における問題点が浮き彫りになってくるでしょう。事業承継の時に，ファミリービジネスはどのようなリスクに直面するのでしょうか。企業が存在するために必要な物理的経営資源として，「ヒト・モノ・カネ」があるといわれますが，最近では，実際に競争力を持つ資源として承継しなくてはいけない競争優位の源泉は，情報資源（見えない資源）であるといわれています。

この観点でいえば，「社内が一体感を持つために必要な企業理念・家訓」「会社の規律・ガバナンス意識」「取引先との間に構築された信頼」などが正しく承継されることが重要です。また，「企業理念」「コーポレートガバナンス」などが，ファミリービジネスにおける事業承継の成否を評価する際のポイントとすると，事業を承継する時点で，創業者の意識が組織知化していることが重要です。

企業理念の存在は，ファミリービジネスに限らず，どの企業でも経営者の交代や，時代の変遷において先人の知恵をいかに継承するかに関わる重要な問題です。世代交代とともに経営が悪化する事例も多く見られます。近年見られた，老舗企業における不祥事は，日本人の企業に対する意識を大きく変えました。歴史のある老舗企業でも決して信頼できない，ということを消費者に認識させたという意味で，影響は当該企業に限らず社会全体に及ぶこととなりました。従業員は，創業者一族（＝会社）に対する強い忠誠心をもって事業に臨むため，創業者一族が誤った指示をしたときの抑止力とはなりません。創業者一族の緊張感を保つことができるような独自の「コーポレートガバナンス体制（ファミリーガバナンス）」の構築が必要になるのです。この企業運営がうまくいってきたことが，日本企業の中に同族経営，老舗企業が多く存在する理由の１つとして考えられるのではないでしょうか。

●ファミリービジネスの個別の特徴に着目

ファミリービジネスを考えるときに，１つの企業パターンで考えるのではなく，企業規模，ファミリーとの資本的な関係性を基準にいくつかのパターンに場合分けしたほうがよい場合があります。それぞれの悩み，解決法にも違いがあります。ファミリービジネスならではの特徴や強みもありますが，逆に，ファミリービジネスだから良いということもありません。どのような経営形態でも「万能」であることはないのです。そのことを忘れてはいけません。今，私たちに求められているのは，ファミリービジネスについての先入観を捨て，良い面・悪い面を十分に理解することではないでしょうか。何事も一括りに考えることなく，個別対応的に考えると，その企業の実態に応じた悩みがあることがわかります。ファミリービジネスの経営をサポートする企業群にとっては，事業承継に留まらず経営，金融，相続，税務など多様なアプローチが必要とされるのです。

比較的規模の大きいファミリービジネスでは，事業においては拡大に向けた戦略的な取組みが求められる一方で，ファミリーサイドでは第二世代から第三世代以降へと移るため，多くのメンバーによる価値観を共有化することが難しくなっていきます。この場合には，ファミリーオフィスなどの仕組みを活用する必要があるでしょう。逆に，小規模なファミリービジネスでは，まず事業の継続が重要課題です。後継者に首尾よく事業を承継させることに注力しなくてはいけません。この時のファミリーメンバーのうち，ビジネスに関係する人は比較的少人数であり，情報共有も容易に行われることが想定されます。逆に少人数だからこそ，個人的な感情のもつれが価値観の共有に悪影響を与えることにもなりかねません。仲介者がいないことで，個人的な対立が修復されにくいこともあるでしょう。ファミリーメンバーの間で情報共有ができるような「場」を作り，中長期的な観点からの意識のすり合わせを行うことが望ましいでしょう。

Column序－1

プライベートバンカー視点からのファミリービジネス(1)

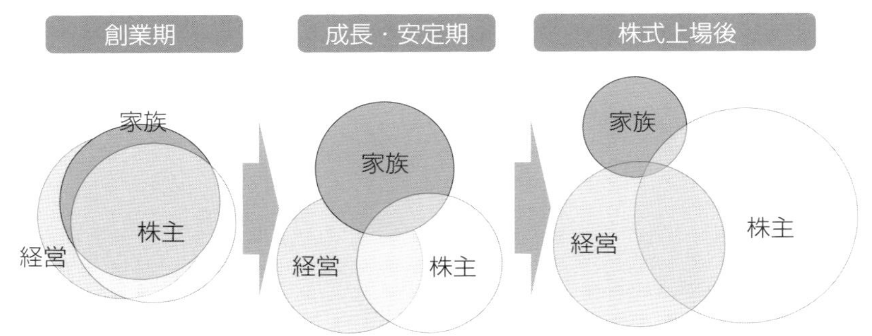

ファミリービジネスのあり方は，企業の成長ステージや企業規模により，事業承継の課題を含め，変化への対応を求められます。

上図の左側に示したように，創業期では創業者は経営者でありつつ株式を所有する企業オーナーの立場にあります。さらには，創業者の思いとしては，会社経営は生活の一部であり，会社はわが子のようなものでしょう。そして，創業者のファミリーも，その創業者の思いに寄り添い，最大限にバックアップしますので重なり合う部分が多くなっています。

創業期からIPO（Initial Public Offering，新規株式公開）を目指すステージの企業オーナーは，事業承継対策や資産対策を行う余裕はなく，事業以外のことに関心を向けたり，時間をかけたりすることに後ろめたさを感じられる方が多くいらっしゃいます。アーリーステージ（起業後の数年間）の企業オーナー（起業家）が脇目も振らずに事業に専念するのは至極まともで，先ずは事業の成功が先決であることは当たり前のことです。

しかし，創業期から株式上場，成長期から安定期，成熟期から場合によって廃業まで，さまざまなステージの企業オーナーの相談をお受けするプライベートバンカーの岡目八目の視点からは，将来起こる可能性の高いファミリービジネスの課題を予測することができます。

会社経営が軌道に乗ってくるとともに，関係者が増えていくこととなり，家族の思いだけでは進まなくなります。結果として上の図の中央のように，企業経営の立場と株主の立場に対し，家族の関係が離れていくようにシフトしていくことが多く見られます。前頁図の右側には，３つの円のバランスが崩れている様子を示しています。これは，株式上場後の経営と株主と家族の関係です。上場したことで会社は社会の公器となり，外部株主との関係性が重要性を増してきます。経営者兼企業オーナーの気持ちとして，事業経営が重要であることは変わりませんが，株主の優先度が増す結果，相対的に家族の関与度が小さくなっていきがちです。ただし，ファミリービジネスの強みを活かした経営を考えると，後述するように，家族との関係が重要であることは変わりません。ここにファミリーガバナンスに取り組む意義があるのです。

創業期の企業オーナーには，「オーナーが事業承継対策や資産対策を事前に行うことは個人的なことではなく，将来的な企業の資本政策の大きな課題への準備であり，今しかできないことを事前に行っておくことは，企業オーナーとしての重大な責務です」とアドバイスさせて頂いております。

実際，後で見る資産管理会社を設立する場合についても，オーナー個人から資産管理会社への株式の移転コストは，IPO後は大幅に増大してしまって，実行不可能となる懸念があります。IPO前後の企業オーナーの貴重な時間を無駄にせず，必要なことに布石を打ち，事業の永続性を担保するため，専門家を活用することをお勧めしています。

最近では，若い企業オーナーであっても，万一の場合に備えたコンティンジェンシー・プラン（予期せぬ事態に備えた緊急時対応計画）として，遺言や遺言代用信託の活用を検討される相談が多くなっています。自社株式の多くを保有する企業オーナーに万一のことがあった場合，相続財産の大半は自社株式となることが多く，残された相続人は，納税資金の調達のために相続した自社株式の売却や場合によっては物納など，大きな負担を負うことになります。会社にとっても経営の根幹に関わる重要事項であり，オーナー退場後の株価の大幅下落の可能性に加え，経営に関与していなかった相続人の意向（相続人の遺産分割協議・納税資金の調達方法等）により，もし遺産分割協議が整わない場合は議決権行使もままならず，場合によっては経営基盤を揺るがす事態に発展する可能性もあります。そのような事態に備えて，万一の場合に自社株の相続の方針などを示すため，遺言や遺言代用信託の活用を検討される企業オーナーからの相談が増えてきているのです。

第Ⅰ部

理論と歴史に学ぶ ファミリーガバナンス

第Ⅰ部では，ファミリーガバナンスを理論的に捉えます。第1章では，そもそもファミリービジネスとは，どのような企業で，どのような強みがあるのかについて整理します。そのうえで，第2章では企業経営を健全なものにするためのコーポレートガバナンスの考え方と比較しつつ，ファミリーガバナンスについて考えます。第3章では，江戸時代から明治時代までの日本の企業の歴史を振り返り，日本企業で成立していたファミリーガバナンスについて考えます。明治時代に作り上げられた「三井の企業統治」の仕組みは、現代のファミリービジネスにも大変参考になるものです。

第1章

ファミリービジネス概説

第1節　ファミリービジネスとは

日本は，質（世界一の長寿企業），量（100年，200年以上の社歴を有する会社数）共に，世界に冠たるファミリービジネス大国です。日本には，421万社の企業（個人事業所を含まない）があり，そのうちの99.7％が中小企業なのですが，同時に，全企業の9割以上がファミリービジネスだといわれています（ファミリービジネスの定義は後述）[3]。その多くの企業が事業承継の難しさに直面しています。近年の事例では，2015年の大塚家具のように事業承継にあたって，世代間の対立が見られましたが，受け継ぐ後継者が先代までの経営者の理念に基づいて，その経営を引き継げなければ，企業を維持・存続させていくことは難しいでしょう。

その一方で，企業を個人の所有物のように振る舞うオーナー一族の存在により，事業承継の際に，企業のガバナンスに係る問題が表面化することも多いのが実態です。このとき確認すべきポイントとして，誰が継ぐか（長子承継，あるいは親族内承継など），あるいはその継承者に正当な承継理由はあるか，ファミリー内外の株主の意向と合っているかなどが挙げられます。世代交代がスムーズにいくように，どのように企業統治が受け継がれていくか，ファミリービジネスの多い日本経済では重要な課題です。

なお，日本のファミリービジネスの質的側面を見ると，約147万社を収録する帝国データバンクの企業概要データベース「COSMOS2」によると，社歴100年以上の企業は３万3,259社（全体の2.27％）にのぼります[4]。当然のことながら，帝国データバンクに登録されていない会社も存在していることを勘案すると老舗企業の数は更に多いでしょう。老舗企業の多くがファミリービジネスであると考えると，その多さに驚かされます。また，日本には世界最古の企業もあります。金剛組は創立578年で，社歴は1,400年以上です[5]。ほかにも，石川県の粟津温泉で温泉旅館「法師」を経営する善五楼は創立718年で1,300年の社歴を重ねています。

因みに，ファミリービジネスの存在感は，他の国々でも大きいという現実があります。ヨーロッパではファミリービジネスが企業数の60～70％，GNPに占める割合で50～60％，雇用についても45～80％を占めています[6]。先進諸国の上場企業におけるファミリービジネス比率を見ても，２割から５割程度を占め，その中でも日本が最も高い比率で53％を占めているのです[7]。

このように多くのファミリービジネスが存在する日本社会ですが，そのファミリービジネスを遅れた経営形態だという捉え方がある一方で，実際の企業経営において，ファミリービジネスのほうが優位な業績をあげているという実績から，その経営スタイルを高く評価するという考えもあります。ファミリービジネスは，景気が低迷し多くの企業が業績悪化に苦しむ中で，長期的な経営方針に基づく安定した経営を続ける企業が多く，持続性のある経営体制として注目されるようになっています。有力な企業のなかには，「創業者・ファミリーの存在」という内部資源を持続的競争優位の源泉として，代々企業理念を受け継いでいる企業があります。ファミリービジネスならではの特徴を踏まえつつ，その各企業が持つ強みとして承継しているのは，「信頼をベースにした経営基盤」であり，それを承継できればファミリービジネスであることの強みを活かすために効果的です。またその強みを上手に承継することができるかが事業承継を成功させるためのポイントだともいえるでしょう。

経営学の中でもファミリービジネスは遅れた企業形態であるという考え方が

見られる一方で，前向きに評価しているケースも多くあります。例えばアメリカの大手日用品メーカーであるS. C. Johnson社では，会社名に並んで大きく“A family company at work for a better world”と130年続くファミリービジネスであることを誇らしげに記載しています。欧米では，ファミリービジネスは企業実績などに基づき高く評価されていますが，日本では長年事業を継続している老舗企業であることを強調することはあっても，ファミリービジネスであること，同族経営が行われていることを強調する例はあまり見かけません。

日本では，実績にかかわりなくファミリービジネスに対しては低く評価されているといわざるを得ません。日本と欧米に違いが生まれているのは，ファミリービジネスに対する誤った先入観があるからではないでしょうか。ファミリービジネスが初歩的組織形態であるという見られ方をする理由として，ガバナンスの不在が挙げられます。日本でファミリービジネスに見られる不祥事に関して，その要因にガバナンス体制が未整備であったり，コンプライアンス意識が欠如していたりすることが指摘されることが多いのは，ファミリービジネスが未成熟な企業形態であるという考えが根底にあるからでしょう。日本では，同族会社というと，比較的中小規模の事業者が多く，非近代的な経営が行われているという先入観があります。

神戸大学名誉教授の加護野忠男氏は「日本のマスコミでは，同族経営には否定的な見方が強かった。不幸なことです。企業不祥事が起こると，同族企業の閉鎖的な経営が不祥事の温床だと叩かれることも少なくなかった。同族経営への否定的な見方が強いのは日本だけではありません。アメリカでもそうだった。経営学者の間では，企業はファミリービジネスから，専門経営者によって経営される企業へと進化していくと考えられていた」と述べ，企業に対する見方として企業発展段階説の考え方が背景にあったと述べています。企業発展段階説に基づく見方については後で詳しく述べますが，欧米社会ではその考え方に対して見直しが進んでいるのに対し，日本社会の中では，依然としてその考え方が広く受け入れられています[8]。

❶ ファミリービジネスの定義

ところで，そもそもファミリービジネスとはどのような企業でしょうか。実は，ファミリービジネスの定義に関しては，世界的に見ても統一されていません[9]。一定の定義が存在しない背景としては，それぞれの社会で企業の捉え方，家族の捉え方に対する違いがあります。ファミリービジネスでは，創業家一族というファミリーの存在が，企業経営に影響を与えるのですが，経営者・従業員・株主などの利害関係人が企業を見る目は，その企業が存立する社会的背景によって変わってくるため，影響の与え方も一様ではありません。

また，ファミリービジネス研究については，非ファミリービジネスとどの観点で比較したいのかという研究者の意思によっても，その区分は異なることとなります。いずれにせよ，ファミリービジネスの定義については，世界的に統一されたものがないため，そのこともファミリービジネスの国際比較がなかなかできにくい状態となっている原因だといえるでしょう。これまでに研究者はどのように定義しているのか，一例をみてみましょう。

(1) 「事業継承者としてファミリーの一族の名前が取りざたされている。必ずしも資産形成を目的としているのではなく，ファミリーの義務として株式を保有している。ファミリーが重要な経営トップの地位に就任している企業」(倉科 (2003)[10])

(2) 「一族が株式または議決権の最大部分を握り，かつ経営にも参画している企業」(Miller, Miller (2005)[11])

(3) 「３名以上のファミリーメンバーが経営に関与している，２世代以上にわたりファミリーメンバーが支配している，現在のファミリーオーナーが次世代のファミリーに経営権を譲渡するつもりでいる，という３つの条件の少なくとも１つの条件を満たす企業」(Stockholm School of Economics[12])

(4) 「創業家のメンバーが取締役会に加わり，株式の５％以上を保有している企業」(Anderson & Reeb (2003)[13])

これらの定義に共通する事項として，ファミリービジネスを「所有（株式シェア)」と「(現在ならびに将来における）経営の担い手」という観点で判断していることがわかります。ファミリービジネスの企業パフォーマンスの特徴を捉えるために，対象企業の抽出にあたり株式の所有比率の基準を定義として定めている事例もあります。ただし，その多くはファミリーの所有比率について，法律上株主としての意思が反映される基準とされる過半数あるいは３分の１という基準にこだわっていません[14]。株主の権利行使という観点での株式シェアと，経営者あるいはその他のステーク・ホルダーの意思決定に与える影響を見た時に，必ずしも支配株主（株式の過半数を所有）であることを求めないのです。特に，日本ではファミリーが支配株主でないにもかかわらず，ファミリーが企業経営に強い影響力を持っている事例が多く見られます。

そこで，本書でのファミリービジネスは，日本の企業経営に対するファミリーの影響度を考え，企業の所有あるいは経営への関与という観点から，以下の５つの条件のいずれか１つを満たす企業をファミリービジネスと考えることとします[15]。

⑴　経営面からみた定義

①　ファミリーが重要な経営トップの地位に就任している。

②　創業者のファミリーが経営に参画している。

③　事業承継者としてファミリー一族の名前が取りざたされている。

⑵　所有面からみた定義

④　個人株主として相応の株式数を有している。

⑤　必ずしも資産形成を目的としているのではなく，ファミリーの義務として株式を保有している。

この定義では，ファミリーの存在が企業の競争力に影響を与える可能性がある企業はファミリービジネスとなるように考えました。日本企業の実態を考えると，必ずしも株式シェアによって表現される法的な意味での企業支配の基準にかかわらず，同族株主との関係には注目する必要があると考えたからです。「所有」と「経営」という2軸から企業を4類型に分類したときに，経営にも所有にも関係していないケース以外は，ファミリービジネスとして扱っています（**図表1－1**）。また，「所有」という概念，「経営」という概念も幅広に捉えるように定義しています。この定義に基づけば，トヨタ自動車のようにファミリーの株式シェアは低くてもファミリーメンバーが経営を担っている企業が，ファミリービジネスとなります。

実際に，日本では，株式をファミリーで相当のシェアを所有しているとか，経営陣の過半を一族で占めているという，外形的な条件が揃っていなくてもファミリーの存在感が強い企業が多く見られます。企業の競争力という観点から見て，ファミリーの存在が従業員・取引先などのステーク・ホルダーに対して何らかの影響を与えるのであれば積極的に評価したほうが良いと考えます。

図表1－1　ファミリービジネスの定義

		創業者または一族の誰かが，個人として最大の株主である	
		Yes	No
ファミリーメンバーが経営層の一員として経営を担っている	Yes	Family Business	Family Business
	No	Family Business	Non-family Business

（出所）筆者作成。
（注）株主については，資産管理会社などを介しているケースも含む。

❷　企業経営における「所有と経営の分離」について

ファミリービジネスの定義でも取り上げたように，企業について「所有」と「経営」の2軸で分類することができます。この定義の背景には，1933年に

Barle & Meansが組織の発展論的アプローチとして，1930年代のアメリカの大会社の事例に基づき，近代的な株式会社は「所有者支配」から「所有と経営の分離に基づく経営者支配」へと移行することを示した研究成果があります[16]。このBarle & Meansが行った企業の組織特性に係る研究の中では，ファミリービジネスは所有と経営が分離していないのですから，前近代的な経営組織形態となります。確かに，企業の規模が大きくなると，経営におけるファミリーの関与は相対的に低くなる傾向にあり，取締役会にファミリーメンバーが含まれない場合もあります。ただし，所有する株式を相続し続ければ，ファミリーは企業を所有し続けることができますので，所有しつつも経営しないという事例がみられるようになるのです。

本書では，ファミリービジネスを「完全な所有権による支配」から「少数持株支配」まで，幅広く対象としていますが，Barle & Meansの企業発展段階説に沿って考えると，ファミリーが「過半数持株支配」の状態で強い影響力を持っている状態を離れると，徐々に「経営者支配」の企業へと移行し非ファミ

図表1－2　Barle & Meansによる株式会社の同族支配の推移

	―	筆頭株主	―
①	完全所有支配	80%以上	「所有者＝経営者」として支配。私的所有。
②	過半数所有支配	50%以上 80%未満	筆頭株主が支配するのは妥当であるが，所有と支配の分離が始まる。多数派支配。
③	少数派支配	20%以上 50%未満	第2位以下の株主が相対的に少ない株式しか所有しない。少数所有支配。
④	法的手段による支配	―	持株会社や無議決権株を利用し少数派の株主（個人または集団）が株式投資を通じて会社を事実上支配する。大きな枠組みでは「所有に基づく支配」
⑤	経営者支配	―	「所有に基づく支配」に属さない経営形態。株式所有が分散しているため，株主は経営参加による企業支配の意思がない。所有から切り離された経営者が企業を支配する。

（出所）　井原久光（2016）『テキスト経営学〔第3版〕―基礎から最新の理論まで』ミネルヴァ書房，53～54頁に基づき筆者作成[17]。

リー・ビジネスとなります。このような株式の移動を考えると，ファミリービジネスは企業成長の初期段階にあり，未だ企業として十分に成長する前のものとして捉えられることになるのです。

また，1962年にChandlerは，近代資本主義社会では企業は発展すると，その状況に応じた組織形態になるとし，ファミリービジネスも創業家の所有から切り離された専門経営者が経営を支配する経営者企業が一般的な企業形態になると述べています[18]。「組織は戦略に従う」という有名な言葉に示されるようにChandlerは，企業はその成長段階に応じた形態をとるべきであると考えました。

単一の事業単位で所有者が経営者を兼ねることができる「個人企業・家族企業（ファミリービジネスの初期的形態）」から，成長するにつれて複数の事業単位へと企業が発展・分化し，それとともに階層的に組織されてくると，専門経営者（サラリーマン）により管理される「近代企業（経営者企業）」へと発展するべきだと考えるのです。この立場に立つと，ファミリービジネスは発展過程の初期的形態であることになります[19]。ファミリービジネスが未成熟な企業形態とする背景には，このBarle & MeansあるいはChandlerの示した考えが，広く定着しているからだと考えられます。

以上のように，Barle & MeansあるいはChandlerは，ファミリービジネスは企業の発展の初期段階での形態であり，通過すべき経営スタイルであると捉えています。確かにすべての企業は事業をスタートさせて成長するにつれて，個人企業・家族企業から経営者企業へと必然的に移行することになります。ファミリービジネスは中小企業が多いですが，先の定義に基づけば，大企業でもファミリービジネスとなります。ファミリービジネスの多くは中小企業であり，比較的生産性の低い状態にあることも事実ですが，実態としては，大規模化している企業のなかにも，経営者企業とならずにファミリービジネスに留まっている企業は存在しているのです。世界的に見ても比較的規模の大きな企業でも同族経営されている事例は多く見られます。先に触れたトヨタ自動車の他，自動車業界ではアメリカのフォード社，あるいは世界最大の小売企業ウォルマートや北欧の家具チェーンで有名なIKEAもファミリービジネスです。また，最近急成長しているファーストリテイリングやソフトバンクもファミリービジネスということになります。

大企業がファミリービジネスに留まる理由を考えてみましょう。例えば，現在のファミリービジネスでは，後継者の高学歴化が進んでいます。成功した先代経営者は後継者に対し早い時期から高度な教育機会を与え，また，人脈を広げるために海外留学をさせたり，優良企業での就業経験を与えたりするようになっています。所有と経営の分離が進むと考えた理由の１つに，事業経営における能力的な問題から，「専門経営者が必要になる」と考えたとしたら，ファミリーメンバーを排除する必要はなくなります。後継者が専門経営者の資質を十分に持つとき，所有と経営をどのように分離させるのかについて，新たな切り口が必要とされるのではないでしょうか。

❸ スリー・サークル・モデル

ファミリービジネスについて，所有と経営に関して幅広に対象を捉えるように定義づけすると，ファミリービジネスが直面する多様な関係者の間に存在する関係性を考慮することができます。ファミリービジネスには，経営者と株主のほかにも多様な関係者が存在するので，それぞれの立場を明確化し，わかりやすく整理するモデルが必要です。ファミリービジネスの複雑性を示すもっとも有名な理論として，Gersickらが示したスリー・サークル・モデルが挙げられます[20]。

スリー・サークル・モデルがファミリービジネスを研究している人たちに広く受け入れられている理由は，それが理論的に優れていて，なおかつ実践しやすいことが挙げられます。ファミリーが会社と所有の問題にどう関わり合うかが，一目で理解できるのです。このモデルではファミリービジネスのシステムを互いに重なり合う部分を持つ「ファミリー」「ビジネス（会社の運営）」「オーナーシップ（株主）」の３つの円で表し，その直面する課題を①ファミリー課題，②オーナーシップ課題，③ビジネス課題の３つの相互関係から整理しています。このモデルでは，ファミリービジネスに関わる人間は，すべて重なり合う３つのサークルが作る７つのセクターのいずれかに入ることになります。基本的には，すべてのファミリービジネスの問題点は，このモデルの登場人物によって説明できます。

このモデルは，人間関係における対立，役割上の難問，プライオリティ（優先順位），ファミリービジネスの限界が何に起因するのかを知るのに大変役に立ちます。「役割やサークルの違いを明確にすることは，ファミリービジネスに内在する複雑な相互作用を分析する際の助けとなり，実際に何が起きているのか，その原因は何かをより理解しやすく」してくれます。ファミリーに属する経営者は，創業者一族としてふるまうため，「経営者」の立場と「株主」の

図表１－３　スリー・サークル・モデル

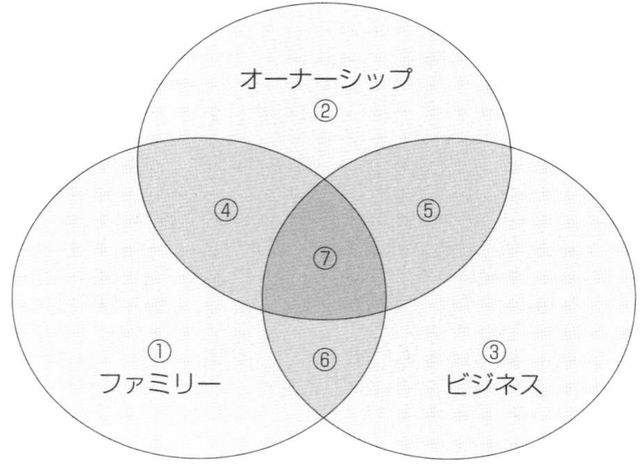

	①	②	③	④	⑤	⑥	⑦
ファミリー（家族メンバー）	○	×	×	○	×	○	○
オーナーシップ（株式所有者）	×	○	×	○	○	×	○
ビジネス（経営者・従業員）	×	×	○	×	○	○	○

（出所）　ジョン・A. デーヴィス，マリオン・マッカラム・ハンプトン，ケリン・E. ガーシック，アイヴァン・ランズバーグ，岡田康司監訳，犬飼みずほ訳（1999）『オーナー経営の存続と継承』流通科学大学出版，14頁。

立場で会社の経営を見なくてはいけないという視点があることに加えて，まさに「ファミリー・家族」との関係を整理しなくてはいけないのです。

また，株の配分方針や継承計画をめぐるファミリーの対決は，関係者たちがそれぞれ「スリー・サークル・モデル」のどのポジションにいるのかを考慮すれば，新しい見方で理解できるようになります。例えば，セクター④に入る人間（ファミリーメンバーでかつ株主ですが，従業員ではない）は，ファミリーメンバーの当然の見返りとして，また株式投資の正当な見返りとして，配当増を望むかも知れません。

他方，セクター⑥に入る人間（ファミリーメンバーかつ従業員，ただし，株主ではない）は自分自身の昇進のチャンスが増えるかも知れない事業拡大への投資が増えるようにするため，配当には反対するかも知れません。表面上はお互いに意見が一致しないでいる２人のこのような態度の背景（具体的には，「スリー・サークル・モデル」でどの位置にいるのか）がわかると，真の問題の所在がよく理解できることになるのです。問題の所在がわかれば，これに対応するための処方箋を描くことが可能になるのではないでしょうか。

このモデルを通じて，ファミリービジネスの研究は経営戦略上の問題だけでなく，家族心理学，社会学，歴史学，法学，会計学などの分野も併せ持った課題として認識すべきであることも明らかにされました。

第２節　ファミリービジネスの特徴

ファミリービジネスにはどのような特徴があるのでしょうか。本節では，ファミリービジネス研究の視点，経営学の諸理論などの多様な立場から，その特徴を見ていきましょう。ファミリービジネスに携わる人にとっては，自社の状況をこの特徴を比較しながら見ていくことで，自分の企業の置かれている状況が浮き彫りになってくるのではないでしょうか。

❶　ファミリービジネスのプラス面・マイナス面の評価

ファミリービジネスにおいて共通してみられるプラス面・マイナス面を階戸（2008）は，Kenyon-Rouvinez & Ward（2005）に基づき**図表1－4**のように整理しています[21]。このまとめを見ると，ファミリービジネスのプラス面として評価できる部分が，違う見方ではマイナス面となっていることがわかります。

図表1－4　ファミリービジネスのプラス面とマイナス面

	プラス面（強み）	マイナス面（弱み）
文化	①　革新という伝統	①　硬直的・排他的文化
組織	②　強固な組織文化 ③　組織の柔軟性	②　組織移行の難しさ
価値観	④　理念・価値の共有重視	③　近すぎるファミリーの関係
商品・サービス	⑤　品質への強いこだわり ⑥　ニッチ市場に軸足	④　限られた商品の種類
人事	⑦　人的投資の大きさ	⑤　人事の不平等
投資	⑧　長期投資の視点 ⑨　長期業績重視の視点 ⑩　低配当・積極配当	⑥　属人的すぎる投資の意思決定
社会性	⑪　積極的な社会貢献活動	⑦　ガバナンスの欠如

（出所）　ケニョン・ルヴィネ，D，ウォード，J. L. 富樫直樹監訳（2007）「ファミリービジネス永続の戦略」ダイヤモンド社，7頁に基づき筆者作成。

項目別に見ていきましょう。まず「文化」です。ファミリービジネスが事業承継を成功させることは，その企業の文化の承継がうまくいくことを意味します。「革新という伝統」をファミリービジネスが強みとして持っているということは，「創業者・ファミリー」という内部資源を競争優位の源泉とするために理念を承継するだけでなく，常に新たな競争条件への対応が必要とされるということを意味しています。逆に，マイナス面で「硬直的・排他的文化」が挙げられている点からもわかるように，成功するファミリービジネスが革新という伝統を持つ一方で，革新性を持たないファミリービジネスも多いということがいえるのです。

「組織」面からは，強固な組織文化と組織の柔軟性をプラス面で挙げながら，マイナス面で組織移行の難しさを挙げています。これはファミリーが共有する強固な組織文化は強みとなりつつも，臨機応変に時代の変化へ対応することの必要性を示しているといえるでしょう。次にファミリーが共通する「価値観」を持つことは強みになりますが，ファミリー内に共有が留まることの弊害が挙げられます。「商品・サービス」に関しては，ファミリーの存続の出発点となる特徴的な商品・サービスを持つことで，伝統に裏付けられた品質を強みとすることができる一方で，その商品にこだわる結果，品ぞろえが十分でなくなる恐れがあることが挙げられています。

「財務」面からのアプローチも特徴的です。「長期投資の視点，長期業績重視の視点」のように，ファミリービジネスが長期安定的に事業を継続させていくという視点を持ち，必ずしも短期的な利益を追求しないという特徴がある一方で，その投資がファミリーの属人的な決定によるリスクがあることを示します。

最後に，「社会性」です。ファミリービジネスが，地域社会の一員としての貢献活動をしている事例は多く見られます。信頼をベースにした経営基盤に繋がるようにファミリーが「積極的な社会貢献活動」を行う一方で，独善的になりガバナンスが欠如する恐れを示しています。

全体として，プラス面に挙げられる項目は，長期的な視点に立った経営の方針や，独自の組織文化を有することなどです。ただし，ファミリービジネスを前向きに評価することができる点が明確でない場合は，ファミリービジネスの弱みに繋がっています。マイナス面の表現は，ファミリービジネスが企業の発展の初期形態だという指摘につながる特徴が挙げられます。事業開始時の個人企業的側面を残したまま，企業規模が大きくなった際に生ずる弊害として認識できます。プラス面で評価されることの行き過ぎあるいはその意識が十分でない場合にファミリービジネスの弱みとして生ずる恐れのある内容が示されています。

ファミリービジネスが初歩的な企業経営スタイル・組織だという立場で考え

てみると，同族経営が「閉鎖的，消極的，独善的傾向が強い」という指摘もあります。経営が順調なときでも同族が横暴であるとの批判が強く，その存続を長く維持することは困難という指摘がされることもあります。企業が発展するときに，残すべき点と変えるべき点をきちんと見極めていかないと，このような指摘につながるので十分に確認する必要があるでしょう。

❷　４つのＣ理論

ファミリービジネスが何に重点を置いて企業経営をしているのかという観点から見ると，非ファミリービジネスとの違いが浮き彫りになります。Miller & Miller（2005）が示した「４つのＣ理論」には，ファミリービジネスが重視していることが示されています。この理論はコンサルティング業務の経験をベースに作られているため，経験的にファミリービジネスの根底に存在する原動力

図表１－５　４つのＣ

Continuity（継続性）	Priority（重点）	長期的な視点をもって事業に取り組む
	Practice（実践）	長期的な視点で事業投資を行うとともに，経営者も育成しなくてはいけない
Community（集団）	Priority（重点）	ファミリーおよび従業員の結束を高める
	Practice（実践）	明確な価値観を示し，ファミリーを中心とした従業員の交流の場を作る必要がある
Connection（関係性）	Priority（重点）	外部の関係者と良好な関係を築き，Win-Winの関係ができるようにする
	Practice（実践）	幅広いネットワークづくりに向けた努力と外部への貢献的な姿勢（奉仕の精神）を持つ必要がある
Command（命令）	Priority（重点）	トップダウンでの強力なリーダーシップが発揮される
	Practice（実践）	リーダーをサポートする強力なチームを編成し，株主によって行動を制限されないようにする

（出所）　ダニー・ミラー，イザベル・ル・ブルトン＝ミラー，斉藤裕一訳（2005）『同族経営はなぜ強いのか？』ランダムハウス講談社，55～89頁より作成。

として，何があるかを理解できます[22]。

ファミリービジネスは企業経営における「継続性；Continuity」「集団；Community」「関係性；Connection」「命令；Command」という4つの重要な要素に対する重点（プライオリティ）の置き方によって，非ファミリービジネスとの違いが示されています[23]。さらに，より具体的にイメージできるように，そのプライオリティに沿って，何を実施（プラクティス）しなくてはいけないかも示されています。これらの内容を見ると，非ファミリービジネスに比べ，ファミリービジネスが長期的な視点を持ち，社会的な存在であることを意識すべきことがわかってくるでしょう。

❸　ファミリービジネスのパフォーマンス

ファミリービジネスが，非ファミリービジネスよりも企業パフォーマンスが良いということを示した画期的な研究が，Anderson & Reeb（2003）の研究です[24]。この研究はアメリカのS＆Pの500社を対象にファミリービジネスの経営状況が他の企業に対して優位であり，特に景気低迷時にそのパフォーマンスが高いことを示しました。ファミリービジネスの企業業績が非ファミリー・ビジネスよりも良いという研究成果を受けて，欧米ではファミリービジネスを積

図表1－6　ファミリービジネスと非ファミリービジネスの業績指標比較

		利益率	ROE	ROA
アメリカ	FB	0.1%	58.89%	15.90%
	Non-FB	0.08%	48.26%	14.68%
フランス	FB	5.4%	25.2%	7.6%
	Non-FB	3.6%	15.8%	6.1%
日本	FB	5.7%	1.9%	1.6%
	Non-FB	4.5%	0.2%	1.0%

（出所）　日経ベンチャー「特大特集ファミリー企業の時代」2007年4月号，21～27頁[26]。
（注）　アメリカの利益率は純利益率，フランス・日本は経常利益率。
FB：ファミリービジネス，Non-FB：非ファミリービジネス。ただし，分類は原資料の分類に基づくため，本書の定義とは一致しない。

極的に評価する見方に大きく変わっていったのです。その後，同様の研究がヨーロッパでも行われ，1982年から1992年のフランスの製造業においてファミリービジネス対非ファミリー・ビジネスを比較してファミリービジネスのほうが良い結果となっています。日本でも上場企業を対象に比較され，同様の結果を得ています[25]。

❹ 経営資源アプローチから見るファミリービジネス

ファミリービジネスは非ファミリービジネスよりも良い業績を挙げているということですが，その強みはどこから生じているのでしょうか。企業の競争力格差は企業の内部資源の違いから生ずるという経営学の理論（資源ベースの経営学，Resourced Based of View of the Firm）に基づいて考えてみましょう[27]。その前にRBVについて簡単に説明します。企業の競争力は企業内部にある資源が価値（Value）のあるものかという観点，すなわち，その資源が環境の機会や脅威への対応に有用かということを評価します。さらに，その資源が，他では手に入らない（稀少性；Rareness）ときに，さらに競争力は強くなります。すなわち，その価値ある資源を現在保有しているのは，ごく少数の競合企業なときほど良いのです。ただし，その価値が，容易に模倣できるもの（模倣可能性；Imitability）ではいけません。

保有していない企業が獲得しようとした時にコスト上の不利に直面するようなものであるほど良いのです。こうした価値があり稀少性が高く，真似をすることが困難な資源を持っている企業ほど，他社に対して競争力があると考えます。これら３つの観点の頭文字をとって，企業はこのVRIを有するときに競争力を評価できると考えるのです。また，その競争力が一時的なものでないようにするためには，組織的な対応（Organization）が求められ，組織として対応できるようになれば持続性があると考えます。この理論に基づいてファミリービジネスを評価すると，創業者ファミリーの存在が他に模倣されない内部資源として持続的競争優位の源泉となりえるものと考えることができます。

Habberson & Williams（1999）は，ファミリーが持つ属性が他社にないファミリー性となり，それを根拠とした組織能力が企業の競争優位につながると考えました（**図表１－７**）[28]。この「ファミリー属性⇒ファミリー性」で示される経営資源が，ファミリービジネスの存続や承継を含むあらゆる企業活動において，他社にないVRIのフレームワークに当てはまる企業資源となっている時，そのファミリービジネスは競争優位を獲得していることとなるのです。

図表１－７　競争優位とファミリー性の評価分析フレームワーク

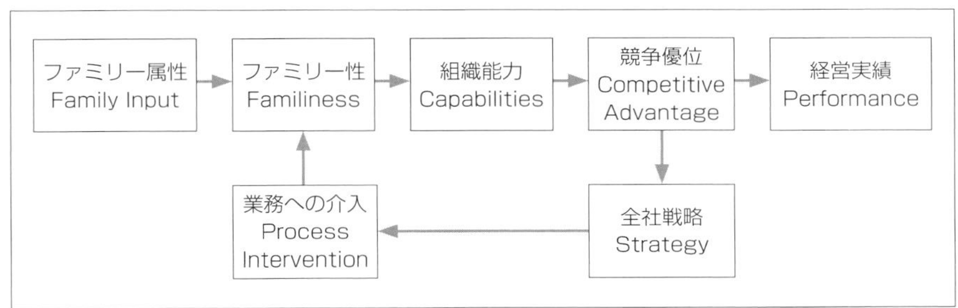

（出所）　Habberson & Williams（1999），"A Resource-Based Framework for Assessing the Strategic Advantages of Family Firms," Family Business Review, vol. Ⅻ, no.1, March 1999.

❺　ファミリービジネスが持つ経営理念

ファミリービジネスを他社と違うと考えることができる点として，企業理念に係る研究があります。野中郁次郎一橋大学名誉教授は，SECIモデルの一類型として，企業が企業の中でまだ言葉になっていないものの共通の意識である「暗黙知」という状態にある「創業者の思い」を，具体的な言葉（「形式知」）として残し，その企業のミッションにしていく取組みを説明しました[29]。また，「ビジョナリーカンパニー（Collins & Porras, 1995）の中では，成功している企業が共通して持っている特徴として基本理念の重要性を示し，それを有する企業をビジョナリーカンパニーと定義しています。

ビジョナリーカンパニーの中には，ファミリービジネスも多くあり，その企業経営において，基本理念を確実に作り上げ，従業員に認知させている場合に，企業経営上，重要視される長期的なビジョンを承継することができることを示しました[30]。さらに，ファミリービジネスが競争優位であり続けるためには，事業を継承するときにその競争優位の源泉である経営理念を受け継ぐとともに，常に新たな競争条件への対応が迫られるのですが，『「信」無くば立たず』を著したフランシス・フクヤマ氏は，国家運営・企業運営における信頼の重要性に着目し，日本社会においてファミリービジネスが，その企業の内部資源である信頼を有効に活用しているということを示しました[31]。

❻ 従業員の意識

企業における経営理念の重要性に対し，実際のファミリービジネス経営の事例を見ると，従業員の会社・職務に対する「意識」が重要であることは間違いありません。集団意識が強く企業組織の存続にこだわる日本人的特性を持つ従業員の意識，こうした会社に対する従業員の「意識」は，会社に対する忠誠心と言い換えることができるかもしれません。

また，広く知られている通り，日本は長寿企業が多いのですが，ここに従業員の組織メンバーとしての日本人の特性から抽出される特徴についても着目する必要があるでしょう。ファミリービジネスの経営者は長期的な視点に立った経営を行っていますが，日本企業のガバナンスを考えるとき，日本人ならではの組織への帰属意識に着目する必要があります。経営者が抱く「企業を存続させたい」という思いと同様の思いを従業員が持ち，経営者をサポートする。この意識から事業の継続に対するこだわりとなり企業の長寿化につながるのでしょう。

事業承継を考える場合に，従業員の中にある創業者の意識，体験などの共有によって生ずる「暗黙知」を後継者に承継することがファミリービジネスにとっては重要であり，事業承継の成否は，事業存続に大きく影響することは間違いないでしょう。ファミリービジネスにおいて，従業員の忠誠心が高いことが企業競争力の源泉ともなりうるものということもできるでしょう。その一方で，従業員の忠誠心が強くなるとファミリーに権力が集中しやすくなります。

その構造はコーポレートガバナンスの観点からみてリスクを抱える可能性もあります。これが，前近代的な企業形態と指摘されることにつながるのです。

❼ 長期的な視点――イエ・先祖へのこだわり

長期的な視点に基づく経営もファミリービジネスの強みとして挙げられます。ファミリービジネスの多くは，「イエ」のビジネスである家業を続けること，すなわち家を守ることを絶対視しています。ファミリービジネスだからこそ，持続的な経営ができたともいえるでしょう。イエへのこだわりが製品・サービスへのこだわりにつながります。

先に強みのところでも挙げられていましたが，先祖に対して恥ずかしくない仕事をしなくてはいけないという思いが，製品・サービスの質を上げていくのではないでしょうか。ファミリーが製品に対する責任を持つことは，企業行動として責任を持つだけでなく，「イエ」に対する責任も加味されることであり，より強いブランドの品質の高さに対するこだわりに貢献すると考えられるからです。ブランドに対する意識は，取引先・顧客との長期的な信頼関係にもつながります。

虎屋のように室町時代から長く京都で事業を行いながら，明治時代には遷都とともに京都から東京に移転したという事例を挙げるまでもなく，ファミリービジネスの多くは，外部環境が変化し選択を迫られたときに，事業を継続させるために最適の方法を選択するという企業行動をとることとなります。長期的な視点という意味では，ビジネスに創業者一族という要素が複合しているファミリービジネスの場合，企業の最大の目的は会社・イエを持続させていくことにあります。

一方で，専門経営者が経営する企業の目的は企業価値の極大化であり，上場企業は広く株主・投資家からの短期の業績拡大を求める声に応えなくてはいけません。多くのファミリービジネスは，短期的な利益を追求するという姿勢ではなく，持続的成長型ビジネス・モデルを追求していると考えられ，その視点がファミリービジネスの強みに繋がっているといえるのではないでしょうか。

その一方で，ファミリービジネスは前述の強みに示したように，新しいものに長期的な観点で取り組むことができます。時代の変化を読み取り，長期的な観点での新たな取組みがイノベーションへとつながります。こうした取組みを実現できる体制を作り上げることも忘れてはいけません。

❽　ファミリービジネスの経営者

経営者の重要な役割は，企業の成長を担うことにあります。日本の非ファミリービジネスでは経営トップは内部昇格によってその地位に就くことが多く，サラリーマン経営者として，他の従業員と同様の意識をもって組織の一員として行動することとなります。このとき，日本人の特性である集団主義，均質性を前提にすると，組織の和を乱すような大胆な変化を選択しにくくなります。

ファミリービジネスの経営者は，社内からの昇進による経営者でないために，他の日本企業に比べて，企業の存続のためにトップダウン的経営を行いやすいという特徴があります。ファミリービジネスにおける従業員とオーナー経営者は，１つの会社の中では運命共同体的な関係であっても，意識は同質ではありません。企業に対する責任感が違います。それがファミリービジネスの強みに繋がっています。すなわち，ファミリービジネスの経営者は，ファミリーのトップでもありますが，企業トップとして従業員と組織に強く結ばれた状態にあります。

従業員の雇用を守るという強い意識にも表れるように，経営トップとして営利団体である「企業」の経営に責任を持ちつつ，「家族」という精神的なつながりに基づく組織に対する強い責任感・意志を持っています。企業内では労使双方に，経営を存続させたいという強い意思が生じ，経営トップはそれに応えることになるのです。トップが企業存続のために変化を求めるのであれば，従業員も一体となって支えることになるでしょう。

Column 1 － 1

ファミリービジネスの3つの重要な研究視点

ファミリービジネスに関わる独自の経営学が何故必要かといえば，ファミリービジネス経営が，専門経営者企業の経営よりも複雑だからです。専門経営者企業では，マネジメントのみに専念すればよいのですが，ファミリービジネスはビジネス以外にファミリーやオーナーシップのこともビジネスとのバランスを考えながら経営をしていかなければいけません。これまでのファミリービジネスに関する研究において，以下の３つの研究・著書が重要であるといわれています[32]。

① スリー・サークル・モデル：J. デーヴィス，M. ハンプトン，K. ガーシック，I. ランズバーグ（1999）『オーナー経営の存続と継承』[33]

② ４つのＣ理論：D. ミラー，L. ブルトン＝ミラー（2005）「同族経営はなぜ強いのか？」[34]

③ パラレル・プランニング・プロセス・モデル：R. カーロック，J. ワード（2010）「ファミリービジネス 最良の法則」[35]

このうち，スリー・サークル・モデルと４つのＣ理論は，先に見たようにファミリービジネスの経営上の特徴が示され，競争力のあるファミリービジネスの強さの源泉がどこにあるかを明らかにしています。パラレル・プランニング・プロセス・モデルは，他の２つのモデルと異なり，ファミリービジネスが事業と家族を両立させ成功するために何をすべきかを示したものです。

パラレル・プランニング・プロセス・モデルは，ファミリービジネス研究の権威であるWardが1987年に著した【Keeping the family business healthy: How to plan for continuing growth, profitability, and family leadership】で示された「ファミリーとビジネスが両輪として機能する必要」について，その後の研究成果を経て2010年に【When Family Businesses are Best: The Parallel Planning Process for Family Harmony and Business Success】としてまとめられた。近著ではより具体的なアプローチの方法が示されることとなっており，本書の第４章で詳しく取り上げます。

第2章

ファミリーガバナンスとは何か

第1節　コーポレートガバナンス

本章では，ファミリービジネスにおける企業統治（ファミリーガバナンス）を考えます。その前に，まずは，広くコーポレートガバナンスについて考えてみましょう。最近，日本では企業がその行動を律するために，コーポレートガバナンス制度の導入が進められていますが，そもそも，コーポレートガバナンスとはどのような概念でしょうか。その定義については，経営面からのアプローチのほか，企業倫理等に基づいたアプローチなど立場の違いや，あるいは国によって社会的背景の違いもあるため，国際的に統一的な定義は定められていません。例えば，株主至上主義の観点に立った米国型コーポレートガバナンスの一般的な定義は，「所有者と経営者の企業のコントロールに関する関係」となります。

また，この分野の世界的権威とされるモンクス（Monks, R.A.）とミノウ（Minow, N）は，「企業の方向性と活動内容を決定する際のさまざまな参加者の関係」であるとし，その主な参加者が「株主，経営陣，取締役会」であり，他の参加者として「従業員，顧客，債権者，供給業者，地域社会」が挙げられるとしています[36]。この考えは，どちらかといえば広義の定義として位置付けることができるでしょう。日本国内におけるコーポレートガバナンスの定義としては，2018年6月に東京証券取引所が公表したコーポレートガバナンス・

コード（2018年6月版）の冒頭で「会社が，株主をはじめ顧客・従業員・地域社会等の立場を踏まえた上で，透明・公正かつ迅速・果断な意思決定を行うための仕組み」を意味するものだというものが挙げられています[37]。

これらの定義をみると，コーポレートガバナンスとは，社内における経営管理の仕組みに着目するだけでなく，外部の利害関係者との良好な関係を築くことも求められているものだといえるでしょう。なお，コーポレートガバナンスと類似した概念として，CSR（Corporate Social Responsibility，企業の社会的責任）がありますが，これはコーポレートガバナンスに関係する多様なステーク・ホルダーのうち，より外部なかんずく社会との関係を重視したものだといえます[38]。

現在，日本でコーポレートガバナンスの変革が進められていることの背景を考えてみます。近年の日本企業の生産性ならびに利益率は海外企業と比較して低水準に留まっています。経済が成長するためには，企業の新陳代謝が必要ですが，現在の日本では必ずしもうまくいっていません。

中小企業の中には安定的な収益を上げることができず，金融機関からの借入金の返済および利払いができないまま存続している「ゾンビ企業」と呼ばれるような企業も出現しています[39]。既存の企業あるいは事業の利益率が低いのに新陳代謝を促す声が高まらず，いつまでも古い体質のまま居残っている理由として，日本企業の組織運営の問題が指摘されています。本来の組織運営においては，企業の最高意思決定機関は株主総会であり，取締役会は株主の委託を受けて，企業経営者を取り締まる役割を担い，監査役も経営が正しく行われていることをチェックしなくてはいけません。

その一方で，日本企業の実態を見ると，例えば，取締役が社内で昇進した人たちばかりで社長の息のかかった人たちがなることが多く，取締役会が社長の牽制機能を果たせていないといわれてきました。あるいは，監査役は取締役になれなかった人が就任するという社内ポジションであり，企業にとって不都合なことに声を上げられないともいわれてきました。こうして取締役会も監査役も社長に対する十分なチェック機能を果たすことができないという事態に陥ってしまうというわけです。

従来，日本企業に対しては，市場からの監視の仕組みがなくても，メインバンクや企業グループ内での監視によって，相応のチェック機能はあったと考えられていました。しかし，1990年代以降，銀行の貸し渋りが起こったり，持合株式の解消が行われたりした結果，銀行と企業の関係は変質しています。また，企業の合併・再編が進み，企業グループのけん制機能も果たされなくなってきたといわれています。こうした環境の変化とともに，いくつかの企業不祥事が見られるに至り，企業統治の欠如が企業運営に多大な損失を与える原因でもあるとの問題認識から，コーポレートガバナンスの改革が進められることとなっていったのです。

第2節　コーポレートガバナンスの類型化

コーポレートガバナンスの方法としては，アメリカおよびイギリスでみられる証券市場を通じて行われる「市場型ガバナンス」と，イギリスを除くヨーロッパ諸国やアジア地域のように，トップマネジメント組織を通じて行われる「管理型ガバナンス」の2種類のモデルが存在します。市場型ガバナンスは，資本市場が確立しており，株主が広範に分散している国で見られ，一方，管理型ガバナンスは株式所有が集中し，支配権が株式所有と完全に分離していない国々で見られるスタイルといえます。

❶　市場型ガバナンス制度

このアプローチは，「企業は株主の資産の運用代理人（エージェント）である」という発想に基づく運営，いわゆる「エージェントモデル」と呼ばれるやり方でコーポレートガバナンスを機能させています。ポイントは取締役会の役割です。取締役会によるチェックが重要な役割を占め，多くの場合は社外取締役と協働しています。取締役会の主な機能には，監視（管理）と並んで支援と助言があり，取締役会が上手く機能するように，社外取締役などの制度も整備されているのです。取締役会には，健全な経営判断と常識的な見地からの助言が求められるのですが，そのためにもそれぞれの分野で成功を収めた人々を社外取締役に迎えます。

取締役の最も重要な要件は，社内の利害関係からの独立性の維持であり，自己利益あるいは利害対立に干渉されない態度が求められます。そのためには業務を遂行する経営者から独立していなくてはいけません。独立した社外取締役には，専門知識と経験から戦略に関する議論の質的向上に資することが期待されています。社内の和とは関係なく社長に意見し，会社の不祥事を摘発し，解決することが求められるのです。取締役会を上手に運営していくためには，社外取締役に対し，取締役会への出席に先立ち事前準備に一定の時間を費やす意志も重要です。また，第三者的な位置づけをより強く示すために委員会設置会社などの仕組みも活用されます。

図表２－１　統治に関する重要項目の国際比較①

【アメリカ】

取締役の特徴	会長とCEO（最高経営責任者）の兼務が多く，権限が１人に集中する傾向にあるが，会長とCEOは指名委員会が指名し，社外取締役の独立性を強化。監査・報酬委員会は社外取締役だけで構成され，会長・CEOに対する発言力を確保している。
株主総会の特徴	開催日は分散。個人投資家が多数参加。 機関投資家の議決権行使は定着しつつある。

【イギリス】

取締役の特徴	会長職が最高経営責任者から分離し，CEOを監視。 会長とCEOは指名委員会が指名。 全体の半分を社外取締役で構成する方向で検討進む。
株主総会の特徴	開催日は分散。個人投資家が多数参加。 機関投資家の議決権行使は定着。

（出所）　階戸照雄（2003）「仏企業の企業統治―日本企業への示唆に係る一考察」『朝日大学経営論集』，第18第１号，21-37頁に基づき，筆者作成。

❷ 管理型ガバナンス制度

一方で，イギリスを除くヨーロッパでは，株主総会が重要という発想があります。ドイツでは，株主が意見をいえる制度が整備されています。一方で，株式は相互に持ち合うと，株主総会のときに「お互いに口出しするのはやめよう」ということになるため，ドイツでは，株式の相互持ち合いが禁止されています。株主総会を重視しつつ，取締役会あるいは監査役会が監視するという体制をとりつつも，会長あるいはCEOが強い権限を持つ仕組みが出来上がっています。

図表２－２　統治に関する重要項目の国際比較②

【ドイツ】

取締役の特徴	労使双方から成る監査役会が取締役会を監視。 監査役会のトップが「会長」，取締役会のトップが「社長」。
株主総会の特徴	開催日は分散。長時間討論が特徴。 機関投資家の議決権行使が増える傾向。

【フランス】

取締役の特徴	一層型の統治形態が大半。会長と最高経営責任者（CEO）の兼務により，権限が一人に集中する傾向。 二層型（取締役会と監査役会）の形態もある。 その他に一層型で監督・執行の分離も可能。
株主総会の特徴	開催日は分散。個人投資家の参加は米，英ほどではない。 機関投資家の議決権行使は定着している。

（出所）　階戸照雄（2003）「仏企業の企業統治―日本企業への示唆に係る一考察」『朝日大学経営論集』，第18第１号，21-37頁に基づき，筆者作成。

❸ わが国のコーポレートガバナンス改革

それでは，日本のコーポレートガバナンスは，取締役会重視の市場型ガバナンス（アメリカ）と株主総会重視の管理型ガバナンス（ドイツ）という２つの潮流から見た場合，どちらに属するのでしょうか。

従来の日本市場では，形式的には株主総会を重視する管理型ガバナンスの立場でしたが，その一方で，企業系列の存在により株式の相互持ち合いの傾向が強いため，「物言えない株主」が多く，株主総会が形骸化することとなったのです。その結果として，取締役会も株主総会も十分に機能しているとはいえない状態に陥ってしまいました。コーポレートガバナンスのタガが緩み，日本企業の不祥事・業績悪化が社会の関心を呼ぶようになったと考えられるのです。その状況が，グローバル競争の中での日本企業の競争力低下，海外からの投資資金に対する魅力の低下につながるという恐れから，経営の分野だけではなく，法学，政治経済，企業倫理の観点など幅広い研究者あるいは実務家の中から企業のガバナンスに関して意見が述べられるようになってきたのです。このような経緯を経て，今のコーポレートガバナンス改革は，「市場型ガバナンス」の制度づくりとして取り組まれています。

現在のコーポレートガバナンス改革に繋がる主要な動きとして，1993年に監査役制度の改正，株主代表訴訟制度の改正が行われました。その後，2001年末および2002年５月の商法改正により，従来型の企業統治（監査役強化型）と米国型企業統治（委員会等設置会社）の選択導入が可能となりました。この２回の商法改正は，わが国におけるコーポレートガバナンスの歴史において，戦後もっとも重要な改正の１ついえるでしょう。次に，2005年に会社法が制定・公布（2006年５月施行）されました。そこでは，①すべての大会社に対し，内部統制システムの一環である業務の適正を確保するための体制構築の基本方針を決定することを義務づける，②株主総会における取締役の解任決議要件を特別決議から普通決議に緩和する，③主に中小企業で利用されることを想定した会計参与制度の新設などコーポレートガバナンス確保のための措置が講じられました。

こうした一連のコーポレートガバナンス見直しの動きに対し，2013年の日本再興戦略会議において，日本経済の競争力衰退の大きな要因にガバナンス制度の未整備があるとの指摘がされることによって，現在に続くガバナンス改革が始まることとなります。

❹ 社外取締役義務化の動き

企業統治のゆるみによって失われた日本企業の競争力を回復させ，企業経営が独善的にならないように社外取締役制度の活用などを義務付けるような動きもでてきました。2014年６月の「改正会社法」では社外取締役は義務化されませんでしたが，導入しない場合にはその理由を株主総会で明らかにしなくてはならないこととされたため，導入比率は急速に上昇することとなりました。社外取締役の役割は，「法律順守の監視」に留まらず，「投資家が求めるリターンを意識した経営を促す役割」も担うこととなり，海外の投資資金が流入しやすい環境も整うこととなりました。改正会社法の成立以降，日本市場の変化は加速しています。2015年５月１日より会社法の改正が施行された後，2015年６月１日には東京証券取引所において，上場規則として「コーポレートガバナンス・コード（企業統治指針）」が規範化されたことは，「コーポレートガバナンス改革元年」を表す象徴的な出来事といえるでしょう。

2019年10月には，政府閣議において上場企業などに社外取締役の設置を義務付ける会社法改正案を決定し，企業が社内の利害関係にとらわれず，第三者の視点で経営をチェックできる体制を整備する方向に，さらに進んでいくこととなりました。改正案には「上場会社は社外取締役を置かなければならない」と明記されており，①監査役会を置き，株式の譲渡制限がない，②資本金が５億

図表２－３　統治に関する重要項目の国際比較③

【日本】

取締役の特徴	会長・社長が後継者を指名する企業が大半。 社内出身の監査役が多い。 2003年４月から「委員会等設置会社」の選択が可能となり，米国型の統治形態を採用する企業が増える。
株主総会の特徴	開催日は集中し，形式的な総会が多かったが，変化の兆しあり。 一部の機関投資家は，積極的に議決権を行使する「モノ言う」株主となっている。

（出所）　階戸照雄（2003）「仏企業の企業統治―日本企業への示唆に係る一考察」『朝日大学経営論集』，第18第１号，21-37頁に基づき，筆者作成。

円以上または負債総額200億円以上の大会社，③有価証券報告書の提出義務がある，という3つの条件を満たす企業が対象となっています。2015年のコーポレートガバナンス・コードの適用以降，東証上場企業の9割以上に社外取締役が置かれ，法案は実態を追認する形になっています。

❺　株主に向けた説明責任～スチュワードシップ・コード

また，海外資金による日本株式の保有比率が高まるなかで，海外投資家の日本の投資先企業への監視が強化されることとなりました。欧米の有力年金基金や保険会社で構成する団体「インターナショナル・コーポレートガバナンス・ネットワーク（ICGN）」が，日本企業に対し，欧米並みの企業統治を求めるようになりました。海外投資家からのプレッシャーだけではなく，国内の機関投資家の目も一段と厳しくなってきました。

2014年にスチュワードシップ・コードが導入され，投資家の役割にも着目されることとなります。金融庁の有識者検討会が公表した日本版スチュワードシップ・コードでは，機関投資家は「投資先の取締役会に対し，企業価値極大化の責務があることを認識させる役割を担うもの」と位置付けられました。厚生労働省の専門委員会が年金積立金管理運用独立行政法人（GPIF）に，スチュワードシップ・コードの導入を求めたことから，他の運用会社も導入に向けた動きが進みました。外国人だけでなく国内機関投資家も，企業価値向上に対する意思を示す機会が増えるとともに，これまで以上に存在感ある積極的な運用スタンスに変わります。日本の株式市場では，従来の安定株主構造から機関投資家が重要な株主となり，機関投資家にとっても「もの言う株主」となることで，国内外から求められる説明責任を果たす必要が高まっているのです。

❻　コーポレートガバナンス改革の成果と留意点

2018年3月に，取締役会等で徹底議論すべきポイントとその機能強化の改善を狙った「コーポレートガバナンス・コード2018改訂版」が発表され，6月には「コーポレートガバナンス・コード2018年6月版」として修正されました。

2018年6月版で強調されたのは，①政策保有株式（いわゆる持合い株）の縮減，②ESG（環境・社会・ガバナンス）要素など非財務情報の開示，③CEO等の後継計画に主体的関与，④経営陣の報酬の客観性・透明性ある手続き，報酬制度の設計をする，⑤ジェンダーや国際性の面を含む多様性をもった取締役会・監査役会を組成することなどです。この一連の取組みにより，日本のコーポレートガバナンス改革は大きく進行しました。

このように金融庁・東京証券取引所などが中心になり，コーポレートガバナンス改革が進められています。日本市場でも多くの制度が整備され，日本企業のコーポレートガバナンスに関する意識は高まってきました。こうした一連の動きは，日本市場を本格的に変えていくことになるでしょう。東京証券取引所としても，海外の投資家が安心して投資できるように欧米市場と比較して遜色のない基準を示し，効率的な市場であることを示すことが求められます。海外投資家の資金を東京市場に引き付けるため，ロンドン証券取引所の厳しい遵守規定を意識して，グローバルスタンダードに向けて，着実な一歩を歩み始めているのです。

現在のコーポレートガバナンス改革の方向性は，アメリカ的な経営スタイルで進んでいるといわれていますが，その改革の方向性について，違和感を覚えている経営者も少なくありません。日本には日本流のガバナンスの方法があるというわけです。従来の管理型ガバナンスに問題点が見えてきたと言っても，日本企業が取り組んできた企業に対する経営者の思い（良心）に基づく経営の良さを見失ってはいけないという主張もあります[40]。そもそも，コーポレートガバナンスは，各国の文化，法体系および財務的背景が関係するものであり，また，組織内の仕組みと外部との関係性を考えるという企業の存在自体にかかわる問題を含んでいるため，海外の国々で使われているからといって，画一的に形態を論じることはできません。

このあと第3章で江戸時代から明治時代にかけて，日本企業がどのような意識をもって経営に臨んできたかを見ます。ガバナンス制度の整備も良いのですが，この経営姿勢に立ち戻ることが日本企業に求められているのではないでしょうか。

第３節　ファミリーガバナンスとは何か

企業は営利団体として収益を追求する必要がありますが，同時に事業の健全性を考えたときに，ファミリービジネスであるか非ファミリービジネスであるかにかかわらず，コーポレートガバナンスの意識がより強く根付くことが大事です。多くのファミリービジネスは，直面する事業環境が厳しくなるなかで採算性の改善を目指すことが必要であるとともに，コーポレートガバナンスの意識を持った経営が求められるようになっています。

一方で，ファミリービジネスオーナーは，これまで事業を支えてきたファミリーの思いに応えて，後継者により良い形で承継したいというプレッシャーを受けながら，ファミリービジネスを経営しています。場合によっては，次世代のために事業を承継せずに，事業売却あるいは廃業という選択をせざるを得ない場合もあるでしょう。本節では，厳しい選択に迫られるファミリーオーナーに求められるファミリーガバナンスについて考えてみましょう。

ファミリービジネスにおけるコーポレートガバナンスを考えるに先立って，イトーヨーカ堂（現セブン＆アイ・ホールディングス）の創業者である伊藤雅俊氏の上場時の言葉を見てみたいと思います。この言葉の中には，ファミリービジネスの経営者の思いがよく表れていると思うからです。1972年９月に伊藤氏はイトーヨーカ堂のさらなる成長に向け出店資金を確保するために，株式上場という選択をとるのですが，上場することによって社会から自分が評価されることに対し，高い株価が付くとその期待に応えられるかどうか心配になったとも言っています[41]。ちなみに，セブン＆アイ・ホールディングスは，今も伊藤家が多くの株式を所有するファミリービジネスですが，上場したことによって，家業として自分の思いに基づく経営を行うだけではなく，社会からも評価される存在となることを意識したというのは，ファミリービジネスの経営者の意識をよく表しているのではないでしょうか。

ファミリービジネスについては，一般のコーポレートガバナンスとは違う観点で，ガバナンスについて捉える必要があります。すなわち，ファミリービジネスでは，企業の統治に加えてファミリーの統治についてもその仕組みを導入していくことが求められるのです。ファミリービジネスにおけるガバナンスの難しさは，ビジネスに対するコーポレートガバナンスと，ファミリーに対するガバナンスを両立させなくてはいけない点にあります。ファミリーメンバーが複数の役割を兼ねていることによって，ガバナンスを考える場合も前提となるコーポレートガバナンスに加え，ファミリービジネスであるという観点も加えて，その本質に迫る必要があるのです。ファミリーガバナンスの難しさは，一緒に事業を担う相手が肉親ならではの難しさと，スリー・サークル・モデルで見たようにファミリービジネスをめぐる人たちの中に立場の違う関係者が含まれることによって生ずる難しさがあります。

多くのファミリービジネスでは，大株主の典型的存在であるファミリーが会社を支配することとなりますが，その投資目的は長期的視点であり，将来の世代を見据えています。言い換えれば，ファミリービジネスでは管理型ガバナンスの仕組みが機能してきたという見方もできます。極端にいえば，ファミリービジネスにはアメリカ流の市場型ガバナンスは適しておらず，むしろ害を与える側面もあるかもしれません。例えば，ファミリービジネスは伝統的に社外取締役の導入に抵抗する傾向があります。理由としてはファミリーとして行っている事業に対し他人に指図されたくない，あるいは社内・ファミリーの秘密を外部に知られたくないなどの気持ちが働くことが考えられます。

取締役会は，その性質上，株主利益を守るのが目的となりますが，ファミリーの権限を侵害するのが本質的な役目ではありません。スチュワードシップ理論の指摘によれば，ファミリービジネスでは関与する人々の間の関係性の故に，公式のガバナンスおよび管理の仕組みは不要になります[42]。それどころか，ガバナンスの仕組みはエージェントの行動に対して否定的な影響すら与えかねないと考えられます。自己を犠牲にして組織と他者に尽くすことが求められるスチュワードシップは，すべてのファミリービジネスで実現されるわけではありません。それぞれのファミリービジネスが採用するガバナンスシステムによっては，非常に短期的かつ利己的な利益しか眼中にないファミリービジネスが出現する可能性もあります。

ファミリービジネスを成功させるには，ファミリーとの円滑なコミュニケーションの場が確保されていることは不可欠であり，その仕組みとしてのファミリーガバナンスは重要な機能を果たすことは間違いありません。言い換えれば，ファミリーガバナンスを成功させるポイントは，ファミリー相互の円滑なコミュニケーションの場が確保されていることであり，そのための仕組みが重要な機能を果たすことになります。

このとき，取締役会は経営者から独立であるだけでなく，本来的にはそれと同時にファミリーからも独立していないといけませんが，ファミリー出身の取締役が好奇心旺盛な態度で取締役会に臨む場合，マイナスの効果をもたらす恐れもあります。逆にファミリー出身の取締役に対し，取締役会の前に会社の置かれている位置，ファミリーとの関係など十分な事前準備の時間を設けることで，経営者の考えに対して建設的な質問をする姿勢につながることもあり重要な役割を果たすことも期待できます。個別に臨機応変な対応が必要です。

すべてのファミリービジネスに適したガバナンス機構は存在しません。それぞれのファミリーの事情は異なっており，それぞれのケースに合わせて，適切なガバナンス体制を考えなくてはいけないのです。ファミリーガバナンスの重要性を考えるにあたり，2015年に話題となった大塚家具の親子対立の事例を見てみましょう。大塚家具では企業を大きく成長させた大塚勝久会長（先代社長）と後継者である長女の大塚久美子社長の間で確執が発生しました。もともと，久美子社長は，事業を承継することを前提に企業経営に携わっていましたが，実際に事業を承継するとなったときに，先代経営者である勝久氏が久美子氏の経営手法に異を唱え，双方で解任の動議を出し，株主総会で決着をつけるというプロキシーファイト（委任状合戦）にまで至ってしまったのです。これが，単に経営戦略上の考え方の相違だけでなく，親子だからこそお互いに関係性を切れない思いが，対立を長期化させることとなったのではないでしょうか。事業における考え方の相違があっても，同族・家族内での関係性は継続すること，これこそがファミリーガバナンスの難しさなのです。

ここで，創業者が起業したビジネスにおける事業承継の問題とファミリーガバナンスについて考えるために，一般的なファミリービジネスの創業時の成長パターンを考えてみましょう。

① 創業者が自らのビジネスアイデアを活かして起業したビジネスについて，配偶者・近親者の労働及び金銭面での助けを借りつつ発展させる。
② ある程度の期間を経て，事業が成長する頃には，後継者も成長し，その参加を得て，事業規模を拡大させていくことになります。
③ そして，事業は成長していきますが，創業者は老いていきます。このとき，後継者が成長することによって，承継の時期が訪れます。
④ こうして家督の継承とともに，事業承継が行われることとなります。

このパターンで見るように，ファミリービジネスでは，事業の成長とともに後継者が成長し事業を承継することとなるのが通常のパターンです。ただ，ファミリービジネスにおける事業承継において，事業を１つの固まりと考え，家督を引き継ぐかのように後継者と話ができるうちは，経営・所有とも構造は比較的単純です。しかし，事業が成功し拡大を遂げる，あるいは世代の推移ならびに事業の規模が拡大するにつれ，関与するファミリーメンバーの範囲および層が拡大することになると話が難しくなります。創業者の子供世代から孫世代へと承継が進むにつれて，「話しができる」ということが単純に実現しなくなるのです。それぞれのファミリーメンバーの関心事が多様性を帯びることとなります。さらには，事業が順調に拡大を続けていたら，ファミリー以外のステーク・ホルダーも増え，問題はさらに難しさを増しているでしょう。先のコーポレートガバナンスの定義（モンクス＆ミノウ）でいえば，「その他の参加者」が拡大してくるのです。日本社会では長子相続という形で，ファミリーの中で関与する人間が絞り込まれてきました。長子相続制に基づいて長男が事業を承継し，次男以下は分家して家業から離れるという制度です。創業以来数百年を経た企業でも，一子相伝の形でイエが守られ，株主が数名に限られているということは，かつての日本ではごく一般的に見られました。その結果，家業は栄え継続されることとなり家族が戻る場所としてイエが残ります。財産の散逸を防ぐことができたために，日本企業の長寿企業化につながったともいえます。

通常，ある程度の事業規模を持ったファミリービジネスで考えると，ファミリーメンバーと非ファミリーメンバーを合わせた関係者の利害調整は相当に難しいものになります。ファミリービジネスの経営者の悩みは深まることとなり，ファミリービジネスに対する「特異な」ガバナンスを検討する必要性が生ずることとなるでしょう。利害を反するいくつかのステーク・ホルダーの整理，およびその中に単純にビジネスベースで捉えることができない「ファミリー」というステーク・ホルダーがいるということが，ファミリービジネスをその他の企業とは異なるものとして捉え，ファミリーガバナンスの観点が求められる理由です。

ここで，改めてファミリーガバナンスという言葉の定義について考えます。ファミリーガバナンスは，ビジネスにおけるコーポレートガバナンスとファミリーメンバー間での良好な関係性が構築されている状況を意味します。それとともに，２つのガバナンスが調和するように，その関係性を調整するためのビジネスおよびファミリーが作る「統治するための各種の仕組み」までも含むものとして考えます。ファミリービジネスでも企業サイドではコーポレートガバナンスの仕組みを構築するのですが，それとともにファミリーという株主であり，かつ精神的な支柱となる利害関係者との良好な関係性を構築することが求められます。この試みが成功すれば，事業の健全な成長・発展が支えられ，好業績と長寿性を推進する仕組みが企業のなかに内包されることとなります。

企業だけでなく家族・ファミリーに対して，目に見える形での「ガバナンスの仕組み」を導入することで，説明責任が明確になり，企業不祥事の防止と企業の収益力の強化につながるでしょう。一方で，適切なガバナンスの仕組みが作り上げられていない状態では，不祥事などの問題が発生すると，ファミリービジネスの経営者はビジネス面での悩みに加えて，ファミリーに対するさまざまな心理的な葛藤が生じ，対応が遅れることになりかねません。そうならないためにも，ファミリービジネスにおいては，事前にガバナンスの仕組みを構築し，事業に従事する人にもファミリーにも，その意識を確立しておくことが重要なのです。

良好な関係が築かれているファミリービジネスでは，ファミリーメンバー間における緊密な社会的相互作用を通じることで，非公式かつ自己強化的なガバナンスの仕組みを作り上げることができます。それは，ビジネスもファミリーもオーナー一族の長期的な利益に直結するものであることを認識し，利害を共有する者同士で守るべきガバナンスの仕組みを必要とするということです[43]。こうした仕組みを作り上げることができれば，コーポレートガバナンスにおいて株主と取締役の間に公式の仕組みを通じて成立していたエージェンシー理論に基づく枠組みが，ファミリービジネスにおいてもファミリーとビジネスの間で成立させることが可能となるといえるでしょう[44]。

具体的にファミリーガバナンスを実現するための仕組みを考えてみましょう。最初に取り組むことは，ファミリーおよびファミリー関係者が価値観を共有し，現在，発生している問題を認識することです。そして，意思決定に向けて協働できる統治システムを作り上げます。ファミリーメンバー間で良好な関係を保っているファミリービジネスでは，ファミリーメンバー間における緊密な社会的相互作用を通じて，自然に非公式かつ自己強化的なガバナンスの仕組みを構築することができます。必ずしも良好な関係ではないファミリーは，この機会にガバナンスの仕組みについて具体的に考えてみてください。

そして，その関係をインフォーマルなものに留めるのではなく，ファミリーの中で開催される会議・集会（オフィシャルな形で開催される会議のほか，法事など家族の行事の際に親族の集まりが開催されることから始まることもあるでしょう）などの諸機構を含めた会議体として構成されていきます。もちろん，そのファミリービジネスの事業の規模，関係者の数によって取組みは異なりますが，家族・同族による会議体・仕組みをしっかり作っておけば，コーポレートガバナンスにおける取締役会と並列して存在する重要な役割を果たすことになるのです[45]。

また，家憲を定めているファミリーもあります。家憲はファミリーの合意事項を文書として明示するもので，日本では家訓などの形で残されているものもあります。欧米ではクレド（Credo）と呼ばれ，戦略計画など多様な内容のほか，一族が重視する価値観やファミリーの決まり事（規範），ファミリービジネスのガバナンス（統治ルール）ならびにファミリーとビジネスの関係をどのように決めるか，あるいは，ファミリーにおいて開催されるそれぞれの会議のメンバーや，責任者，討議事項などをはじめとして多様な内容が含まれています[46]。

欧米企業では，ファミリーガバナンスを制度的に整備することで実現するという発想に対し，そもそも，日本人の心の中にある良心に基づき，欧米的なガバナンス制度がなくても，道義的な責任感から自らの企業組織やステーク・ホルダーを害するような行動をとらないという精神的なフレームワークがあったという考えもあります[47]。これまで，日本人は「恥の文化」といわれるように自らに悪評が立つような行動をとるようなことはあまり見られませんでした[48]。また，日本企業では「イエの論理」のもと，会社全体が１つの家族として一体感のある「規律」ある経営が行われていたといわれています[49]。企業経営において信頼は非常に重要な内部資源ですが，一旦失われると回復することが難しいものです。ファミリービジネスのオーナーは，長寿のファミリービジネスが多いという環境のもと，企業の信用とともに「イエ」の信用が傷つく影響が大きく，中長期的な視点で経営を行ってきました。日本企業のガバナンスは，制度による規律よりも，日本社会の中であるいは企業風土の中にある精神的な規律・行動規範によって，自然に身についていたと考えられるのです。

ファミリービジネスでは，企業の活動に最も影響を与えるのは，ファミリーメンバー間における暗黙の社会的な結びつきです。新たな事業への参入など，重要な意思決定が必要とされるときに，ファミリービジネスの株主は，家族のための価値創造にどの程度の資源を使用すべきかと考えることになるのですが，その際には先祖代々伝えられてきた家訓などに示された伝統，相互の関係性，忠誠心および利他主義などを判断根拠として最終的な判断を決定するといわれます。ファミリービジネスは，ファミリーメンバー間における緊密な社会的相互作用を通じて，非公式かつ自己強化的なガバナンスの仕組みを構築することができ，それがガバナンスのカギとなるのです。ビジネスもファミリーもともに会社を所有するオーナー一族だからこそ，その長期的な利益を守るガバナンスが必要であり，それが機能するのです。

ところが，最近のファミリーの事例を見ると，企業が成長し関係するファミリーが増大するにつれて，これまで自然発生的に行われていた相互作用の機会が減少しています。ファミリーだからこそ，絶妙な距離感をとることが難しいという状況に直面するのです。最もシンプルに考えれば，ファミリーの一員が，地方から東京に出るなど地理的に別の場所で生活するようになれば，本家と分家の関係，あるいは分家同士の交流は希薄になります。一般の家庭においても，経済の発展により人口が都市へ流出し，都市住民の核家族化，あるいは地方住民の高齢化などの要因から，家族間の意思疎通は希薄化し，価値観の共有は覚束なくなっているという指摘もあります。ファミリービジネスの場合には，この「希薄化」あるいは「価値観が共有できない状況」がビジネスに与える影響が大きく，事業継続・事業承継問題は深刻になっているのです。

そう考えると，日本のファミリービジネスに関わるコーポレートガバナンス，ファミリーガバナンスについて考えるに当たっては，日本人の特性，日本企業の特性を勘案したうえで見る必要があるでしょう[50]。ただし，今，改めてその制度設計を必要としているのは，先に見たように，その日本人的な心が失われてきているのではないか，ということを懸念する声が上がっているからです。

ファミリービジネスを遅れた企業形態であるという立場に立てば，ファミリーあるいは他の株主が誰にも邪魔されないほど強力な支配を一度確立すると，その権力を悪用して企業の内部資源（ヒト，モノ，カネ，情報）をビジネスから持ち出してしまうという事態に陥ることを想定して制度設計されることとなります。個人あるいは同族による企業支配は，腐敗につながるという考え方です。確かに，ファミリービジネスに対する批判として，経営者の在任期間が長期化しやすく，ファミリーに対し法外な配当が支払われる傾向が強いことや，不祥事（食品偽装取引など）をオーナー一族が行った場合に抑制できないこと，あるいは既存の事業に安住し新製品が少ないこと，新技術に対する投資が少ないこと，従業員からファミリーに対する富の再配分が行われがちであることなどが挙げられ，これらを見るとガバナンスが効いていないと認めざるを得ません。

また，欠陥をもったトップが不良経営を継続している限り成長はありえず，倒産への道を自ら走ることにもなりかねません。江戸時代に行われていた「主君押込」と同様，現代のファミリービジネスでも親族会議などの影響力を，トップを更迭させることができるレベルまで高める必要があるという主張はこうした背景から生まれています。

Column 2-1

ファミリーガバナンスにおける統治システム

取締役会（Board of directors）

ファミリービジネスにおける取締役会は，パラレルプランニングのプロセスを効果的に統合し推進していく役割を担います。ビジネス上の重要な問題を解決するために，計画を策定していくとともに，必要な意思決定を迅速に行うのです。さらに，社外取締役は，ビジネスとファミリーの行動についてより高いレベルの説明責任を求めることで重要な役割を果たすのです。

株主協定（Shareholder agreement）

創業者が共同出資者と一緒に，あるいは会社形態で自社株を100%保有している場合には，会社の所有形態は単純ですが，創業者あるいはそのファミリー次第では，オーナーシップの構造は複雑なものに変わっていくこととなります。変化が起こるパターンとしては，①創業者が事業の継承を考え始めたとき，②創業ファミリーが会社の支配をより確かなものにしたいと考えたとき，③税制上の優遇措置を得ることを考えたとき，④ファミリー内部で起こりそうな対立を未然に防ぐ方法を考えたときなどが挙げられます。このような場合の法的な対応として，株主間で，「信託」「遺言」「定款」「議決権に関わる取り決め」「売買契約」等の協定を結ぶこととなります。なかには，ファミリーによるオーナーシップが明確化されるように，持ち株会社，合資会社，信託，または種類株式を発行するようなケースもあります。

ファミリー集会（Family meetings）

ファミリーメンバーの集まりであり，ファミリービジネスの中には，ファミリー集会を日常的に開催しているところもある。実際に，非公式的なものであれば，例えば食事，休日，または宗教的な行事など，ファミリーメンバーが集うときには集会が開催されることになります。

ファミリーの規模が拡大するにつれて，あらかじめ議題を明確にしたうえでファミリー集会を定期的に開催することが，ファミリー間でのコミュニケーションを確保し，連帯感を維持するうえで欠かせなくなります。

ファミリー協定（Family Agreements）

ファミリー協定は，ファミリーにとっての「憲章（charters）」「規約（constitutions）」「議定書（protocols）」であり，日本では「家憲」とも呼ばれます。その本質は，各ファミリーメンバーの権利・義務，他のメンバーや会社との関係についての倫理上の取り決めです。こうした協定には，価値観，行動基準，雇用，報酬・福利厚生，紛争処理の手順，取締役会との関係，ファミリーの教育，ファミリー評議会の役割，慈善事業，配当および投資についての方針が明確に記載されています。

ファミリー評議会（Family Council）

ファミリーの規模がさらに拡大した場合，ファミリー集会をファミリー評議会として正式なものに改めることになります。大きなファミリーでは，ファミリー評議会の内容に基づき，年に1回程度，ファミリー総会（Family Assembly）が開催されることとなります。

ファミリー評議会は，ファミリーから選出された少数の代表者により構成され，ファミリーの行動に関連して生ずる問題を議論したり，計画や方針を定めたりします。

ファミリー評議会はさらに，ファミリーの結束を構築することに取り組み，また各ファミリーメンバーの能力開発やビジネスへの積極的な参加を促進すべく尽力することになります。

ファミリーオフィス（Family Office）＆ファミリー財団（Family Foundation）

この2つの組織はファミリーが有する資産の管理や，ファミリーによるビジネス以外の諸活動をサポートする役割を担っています。ファミリーオフィスの主な役割は，ファミリーの金融資産の管理と投資，会計，税務上のアドバイスとサポートなどである。ファミリーオフィスが，ファミリー評議会の活動のサポートを行う場合もあります。

他方，ファミリー財団は，慈善事業の企画・運営のために設けられます。

（出所） Carlock & Ward（2010）より筆者作成。

Column 2－2

プライベートバンカー視点からのファミリービジネス(2)

創業当初のファミリービジネスでは，創業者は，経営者であり，家族の長であり，主要株主です。しかし，ファミリービジネスも企業規模が大きくなるにつれ，やがて株式公開して上場企業となると創業家の株式持分は縮小し，経営の主体も創業家以外のプロ経営者や従業員から登用した役員に委ねられるケースが多くなります。

昨今，「経営と資本の分離」で企業経営から離れた創業家と現経営陣が争う事例も見受けられますが，創業家のありようとして印象に残る言葉があります。ある企業の創業家の企業オーナーが経営を離れた後に「会社」への想いとして「会社に対して，愛着はあるが，執着はない」と述べられたのです。この言葉は「引き際の美学」ともいえますが，経営を後継者に託した創業家のオーナーの心情として，自分が築き育てあげた大切な会社について「自らの地位や権限への執着は捨て，愛情を持って会社を見守り続けたい」との想いを端的に語られたものだといえるでしょう。

もう１つ，ある企業オーナーがよく語られていた「ノブレス・オブリージュ(noblesse oblige)」も印象的な言葉です。この言葉は，一般的に「財産，権力，社会的地位の高い者は，それに伴う重い責任と義務を負う」という意味ですが，創業家のメンバーとして求められる「役割」や「心構え」を創業ファミリーの責務として伝えているのではないでしょうか。

一方，創業家から経営を託された専門経営者や現経営陣のありようとしては，創業家や先代経営者への「リスペクト」（尊敬すること。敬意を表すこと。価値を認めて心服すること）が求められます。創業家との関係が上手くいっている優良企業の経営陣は，多くの場合，創業者や創業家に対する「リスペクト」を忘れず，創業時からの企業理念を共有し，定期的に創業家とコンタクトをとり，関係維持に努めています。

住友グループ主要各社のトップは，毎年春に京都の住友家本邸の「住友有芳園」で開かれる「祠堂祭」に参列しています。「祠堂祭」は住友家の家長（当主）と住友グループのトップが住友の先人に感謝し，「物故者慰霊」をする場となっています。住友グループでは，現在でも創業時から培われた「住友の事業精神（企業理念）」が信奉されており，これこそファミリービジネスが「昇華」した究極の形といえるかもしれません[51]。

プライベートバンカーとして，代々続く創業家の「ファミリー協定」作成のお手伝いをさせて頂いた際に学んだことがあります。それは，「ファミリービジネスの創業家に生まれるということは，生まれた時から大きな『資産』とともに大きな『重荷』を背負うことになる」という「創業家に課せられた責務」の伝承の思いです。代々続く創業家では，「創業家に課せられた責務」について後継者や創業ファミリーのメンバーにしっかりと自覚させ，親から子，子から孫へと伝承していくことが大切にされています。徳川家康の「人の一生は重荷を負うて遠き道を行くがごとし」という遺訓は，まさにファミリービジネスの永続的な繁栄のために作成された「ファミリー協定」の一節であるともいえるでしょう。

プライベートバンカーの役割は，日常業務的には，資産の運用・管理，事業承継・相続対策，不動産活用，ファイナンス等に関するご相談を承ることですが，本質的な役割は，『重荷』を背負い責務を果たす創業者や創業ファミリーをリスペクトし，その負荷を軽減させ，ファミリービジネスの永続的な繁栄のために奉仕することであると任じております。

第3章

日本の歴史に学ぶ
ファミリーガバナンス

第1節　江戸・明治時代の日本企業のファミリーガバナンス

前章でわが国のコーポレートガバナンス改革の方向性と，それに対する多様な意見があることを見ました。そこで，従来の日本企業のガバナンスは，欧米とは違うアプローチではあるが，一部には時代に先んじていたという考えもあることも示しました。

本章では，その内容を確認するために，江戸・明治時代にさかのぼり日本企業のガバナンス意識について考えてみます。結論を先にいえば，日本企業は，欧米とは異なる観点からのアプローチではあるが，独自の「ガバナンス意識」を持っており，逆に，企業の欧米化が進むにつれ，見失っていったという見方もできそうです。それでは，江戸時代にさかのぼり，歴史の流れとともに日本企業の行動を振り返ってみましょう。

❶　江戸時代の商家の家訓

江戸時代は幕藩体制のもと，政治的には分権統治されていましたが，治安が良くなり交通網が整備されることで，徐々に経済的には全国を統一した市場取引が行われるようになり資本主義の萌芽が見えてきました[52]。各藩は自らの領地で収穫したコメをベースにした自給自足の経済運営を行うとしつつ，藩運営に必要な資金を得るために，江戸・大坂の米市場を利用する必要があり，さらに商品作物（紅花など）の生産を奨励することで，藩財政の窮乏を埋める必要がありました。こうした藩内の作物を換金する必要性から，商業が発展します。

より豊かな社会を実現する過程で富を蓄えていく当時の有力商人の家訓をみると，事業を守り承継するために如何にして経営者および従業員に高い意識を持たせるかという，今でいう「行動規範」の徹底によって企業を統治していこうとする考えが窺われます。江戸時代の商家の考え方の背景には，石田梅岩が唱えた「石門心学（せきもんしんがく）」があるといわれています。石門心学の考えの中には，士農工商の４番目として身分を低くみられていた商人に対し，仕事は天に与えられたものであり，決して卑下するものではないことを示しています。この石門心学の考え方，あるいは家訓に見られる江戸時代の商人が持っていた精神は，わが国の現在の企業者たちの基本的な姿勢と重なるところがあり，その精神は戦後に事業を開始した日本企業にとっても経営上の強みの１つとして，重要な内部資源になっていったのではないでしょうか。

具体的にそれぞれの商人が伝える家訓を見てみましょう。**図表３－１**に示したのは現在も百貨店として残る飯田家（髙島屋）・下村家（大丸）・伊藤家（松坂屋）３家の家訓です。これを見ると，自社の利益にとらわれるのではなく，顧客を大事にするという考えを持っていたことがわかります。今の時代にもつ

図表３－１　江戸時代の商家の家訓

髙島屋（２代目飯田伸七『言語録』より）

世間はいざしらず，我店で取扱う商品は，堅牢確実なるものを売らんと決心し，染に織に十分の吟味を加え，もって客を欺かず，薄利に甘んじ，客を利し，併せて我も利し，いわゆる自利利他は古来の家風なり。

大丸（大文字屋『主人心得之巻』『大丸店是』より）

律義程身の為能き事は無之候。先義而後利者栄。

松坂屋（五代目伊藤次郎左衛門祐寿『掟書』）

人の利するところにおいて我も利する。御客様方店先へ御出相成候はば早速御挨拶可仕候。

（出所）　荒田弘司（2006）『江戸商家の家訓に学ぶ商いの原点』より筆者作成。

ながる「顧客第一」「先義後利」などのように，利益よりもまず人として正しい道を選ぶ必要があることが示されています。

❷　近江商人

大商人だけでなく，幕藩体制の下で藩を超えて国内で物資を幅広く回していた近江商人からも興味深い考え方が示されています。近江商人は現在の滋賀県の琵琶湖周辺出身の商人のことを指しますが，遠く離れた東北・関東地域の産物（海産物，生糸，紅花など）を仕入れ，江戸・京都までを繋ぐ遠隔地行商からスタートしています。その後，江戸・京都あるいは，進出地である関東・東北に店舗を構え，大商人となる事例も出てくるのですが，拠点である近江を離れて事業を行うこともあり，その家訓を見ると取引先や進出地域の方々との信頼が重要視されている様子がわかります[53]。

図表３－２　近江商人の家訓

五箇荘　中村治兵衛宗岸『書置』

たとへ他国へ商内に参り候ても，この商内物，この国の人一切の人々皆心よく着申され候ようにと，自分のことに思はず，皆人よきようにと思ひ，高利望み申さず，とかく天道のめぐみ次第と，ただその行く先の人を大切におもふべく候，それにては心安堵にて，身も息災，仏神のこと常々信心に致され候て，その国々へ入る時に，右の通に心さし起こし申さるべく候事，第一に候。商売は菩薩の業，商売道の尊さは，売り買い何れをも益し，世の不足をうずめ，御仏の心にかなうもの　利真於勤[54]。

（出所）　荒田弘司（2006）『江戸商家の家訓に学ぶ商いの原点』より。

近江商人の考え方の特徴の１つが「売り手よし，買い手よし，世間よし」の「三方よし」の思想です。「売手よし」「買手よし」は，自社の利益だけではなく取引先の満足，顧客の満足も考えながら事業を行うという意味ですが，近江商人の家訓が特徴的なのは，この２つに「世間よし」の精神を加えて「三方よし」となっている点にあります。「世間よし」とは，地域に貢献し，受け入れてもらうことを示します。取引は当事者だけでなく，世間のためにもなるものでなくてはいけません。

近江商人は本拠地から離れた場所で商売を行っていたため，行った先々の地域で認められ存在感を出すために，地域貢献活動を行う「世間よし」という理念が生まれてきたといわれています。事業で得た利益の中から地域貢献のために橋を作ったり，学校を建てたり，寺社を再建したりしています。近江商人の理念から，日本独自の企業文化，ガバナンスの考えを汲み取ることができます。これは欧米型の企業経営手法，ガバナンス制度の枠組みを超えた長期的な視点での企業成長に取り組む意識だといえるでしょう。地域経済への貢献・活性化の効果は，いわば，現在の企業でいうところのCSR的活動として評価できるものでしょう[55]。

図表３－３　三方よしの精神のイメージ図

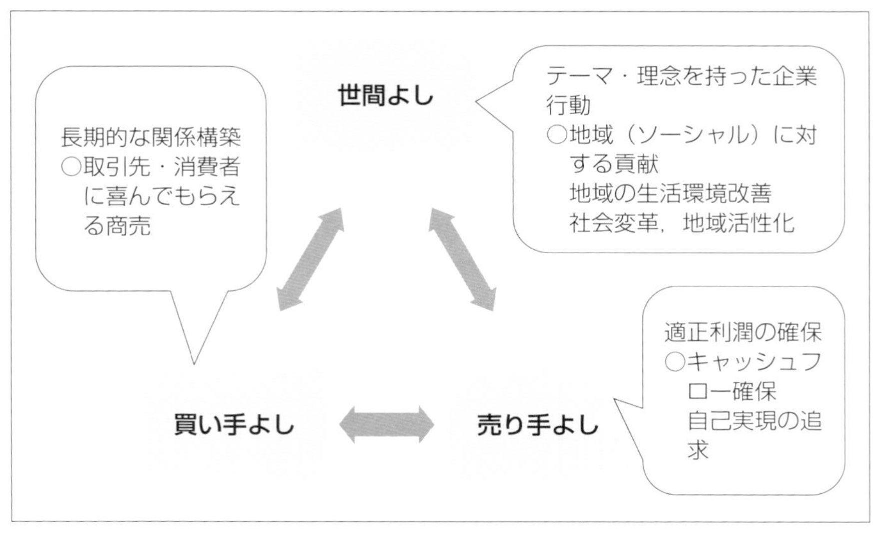

（出所）　末永國紀『近江商人学入門―CSRの源流「三方よし」―』に基づき筆者作成。

江戸の商人の家訓には，遵守すべき考え方や精神的な戒めが書かれていることに加え，（武家においても見られることですが）能力のない当主を隠居させる「主君押込」や，親戚筋あるいは従業員（番頭）の中から優秀な人間を跡取りとして婿養子に迎える養子制度が示されている事例があります。江戸時代のファミリーにとっては，主従関係あるいは血縁関係も重要ですが，それ以上に家名を継続する（事業を承継する）ことを優先する思いがあったということが窺われます。

❸　明治時代の日本におけるファミリービジネスの活躍

明治維新を経て，日本は明治政府主導のもと，驚異的なスピードで発展します。この発展は，江戸時代または明治初期に事業を興したファミリービジネスによって支えられています。急速な欧米化政策に基づく近代化を目指した明治時代においてファミリービジネスはどのように活用され，法制度整備の流れを受けて，時代に適応していったかを見てみましょう。

明治初期の近代日本の経済黎明期には，三井，住友などをはじめとして，日本各地に江戸時代から残る老舗が多くありました。当初は商業資本が優勢で，現在も百貨店として残る三越，大丸，髙島屋は江戸時代に創業された呉服店に起源を遡ることができます。また，三井家，住友家，岩崎家（三菱）などは，明治時代に鉱工業，金融業，貿易業，海運業などの複数の分野にまたがる事業基盤を築き上げ，「財閥」へと成長していきます。これらの企業の組織を見ると，ファミリーと会社組織を分離して経営している企業が出現しています。組織的な対応ができる企業が存在していたことは，明治維新後の近代化のときに政府の側からの維新だけではなく，民間の側から見ても新たな時代に対応していくことに役立ったのではないでしょうか。

明治政府主導により欧米に追いつくべく実施された「富国強兵」産業奨励政策により，官営事業の払い下げにより民間でも近代的な事業を進める条件が整い日本でも産業革命が始まります。さらには，日清・日露戦争による軍需等を商機と捉え，江戸時代から続く有力な商人や明治時代に勃興した企業家が事業を拡大させます。明治維新により，江戸時代の封建的な風習から解き放たれ，四民平等の社会構造になったことで，多くの一般市民（平民）の中の有為な人物が社会の中で活躍できることとなりました。

現在，100年以上の社歴を持つ企業の多くが，この明治という時代の変化を商機と捉え起業しています。時代の変化はビジネスチャンスを生みます。そのとき，その担い手となる有為な人物が自由にその機会を捉えることができるという意識変化が良い循環を生みます。一方で，江戸時代から明治時代への変化により，身分制度が崩れ，人々の意識を解放したとはいえ，あとに見る明治民法のもと，イエの中では，引き続き家長を大事にし，「イエ」を守るという意識が強く残っています。当時の企業組織では，先に江戸時代の家訓に見たような規範を重視する「日本型コーポレートガバナンス」に基づく経営が行われていたのです。

❹　明治民法制定と家族制度

明治時代の日本のファミリービジネスを考えるときに，明治憲法のもとでの家族制度に思いを巡らせる必要があります。当時は戸主に対し家督というファミリーを統括する権限と責任が法的に与えられており，家族会議という仕組みも機能していました。また，多くのファミリーでは，本家は分家を統率する責任があり，同族集団としてファミリーの結束を図る仕組みが存在しています。ファミリーによっては，家族・同族の複雑な問題に共同して対応できるように，家憲ならびに家法をもっていました。日本のファミリービジネスが世界で卓越した長寿性を維持できている要因の１つとして，こうした明治憲法の下での家族制度を背景としたファミリーガバナンスが果たした役割は大きかったでしょう。

ところが，第二次世界大戦が終わり，昭和憲法の下で制定された民法の中では，旧来の家族制度は廃止されました。新しい民法のもとでは，明治憲法のもとで成立していた家族に対する家督などの機能は公的には存在しません。もちろん，歴史のあるファミリーの中には，慣習的に戦前からの機能が残存しているケースもあり，何らかの家族会議を維持している事例もあります。しかし，日本企業全体としてみると，日本の家族制度は危機的状況にあり，ファミリービジネスの円滑な事業成長と事業承継は重要な課題となっています。新たな時代に即したファミリーガバナンスの仕組みが求められているのです。

第2節　三井におけるファミリービジネス運営

❶　江戸時代における三井のファミリーガバナンス

日本を代表する企業グループの1つである「三井家」は，江戸時代の1600年代半ばに現在の三重県松阪市を発祥の地とし，江戸・京都を結ぶ「越後屋呉服店」より始まります。三井家は呉服業で成功するとともに，両替商（金融業）で事業を拡大させ江戸時代を代表する大商人となります。明治維新後も，近代化の波に乗り，日本最大の財閥の1つとして発展を続け，現在に残る多くの大企業を生み出しています。

江戸時代の三井家としてガバナンスの基本となるのは家訓「宗竺遺書（そうちくいしょ）」です。宗竺遺書は，1722年（享保7年）に三井高利（三井家家祖）の長男・高平の生前遺書という形をとって定められました。元祖である三井高利がまとまった家訓を残さなかったことから，1722年に高利の長男である高平の古稀の年に，高利の遺志を踏まえるという体裁でファミリーガバナンスの基本を定めた三井家家訓「宗竺遺書」をまとめられたのです[56]。その中では三井家の結束を図るため，全資産を一族9家（のち11家）で共有する「身上一致」の原則や，存続のための堅実な経営方針が明文化され，ファミリーガバナンスを機能させる基本的概念を示したものといえるでしょう。また，ファミリーと事業を統括する組織である「大元方（おおもとかた）」が設置されます。2つの事業部門（呉服部門と金融部門）と三井11家が，大元方の指揮管理のもとに置かれ，三井家の共有財産も大元方が掌握する仕組みが作り上げられました[57]。

三井家家訓「宗竺遺書」

三井家同苗（どうみょう）の事業を規定し，ガバナンスにかかる根本を定めています。「宗竺遺書」では，「心を一つにし，身を慎み，上下を和して家

図表３－４　家訓「宗竺遺書」

（出所）　三井文庫編『史料が語る　三井のあゆみ―越後屋から三井財閥』（吉川弘文堂，2015年）

（写真提供）　公益財団法人三井文庫

（注）　享保７年（1722），高利の長男・高平の古稀の年に，その遺言のかたちで定められた家訓。「家伝記」「商売記」など，老境にはいった高利の子供たちが作成した一連の文書の頂点をなすものである。これらと同じ箱に納められて封がされ，高平の嫡系である北家に伝えられた。同じセットを納めた箱が，本来は北家と京両替店，松坂の３か所にあったらしい。近代には，「三井家憲」とともに特製の箱に収められ，三井家同族会が管理していた。（三井文庫編『史料が語る　三井のあゆみ―越後屋から三井財閥』より。）

業を励むべきこと」が強調され，「人それぞれの心をくみ取り，自分の知っていることをさせる」と記されています。「宗竺遺書」では，三井家同苗で事業・資産を共有することとし，財産を計算上220分割して本家・連家毎の持ち分を定めています。こうして，事業・資産がバラバラになることを抑止したものと考えられます。「宗竺遺書」が定める多数の店の有機的結合が事業の根幹となり，その後，一体としての承継が行われることになりました。

「大元方」制度

「大元方（おおもとかた）」制度は，三井の全事業を統一的に管理運営するとともに，三井同苗（三井11家）とその共有財産も包括的に管理する制度です。今でいうならば，事業統括会社，ファミリーの資産管理会社，ファミリーオフィスの3つの機能を一体化させた組織運営といえるでしょう。三井家は呉服業「本店一巻（ほんだないちまき）」と金融業「両替店一巻（りょうがえだないちまき）」の2つの事業部門を持ちますが，大元方がすべての事業を統括し，全資産を集約・管理していました。

「大元方」は，三井家同苗代表者（複数名）と奉公人の重役（複数名）による合議制で運営されていました。各店は「本店一巻」と「両替店一巻」に組み込まれ，大元方と各店の財務上の関係は，各店の利益を大元方に吸収し，改めて各店へ営業資金を融資するという仕組みです[58]。

❷ 明治時代に財閥としてのファミリーガバナンス制度を再構築

江戸時代の三井では，先に述べたような「大元方」制度のもとで，実質的には奉公人重役による経営が行われていました。これらの重役たちは，子供の頃に三井への奉公を始め，手代，重役と内部昇進した奉公人でした。しかし幕末・維新の動乱期には，そうした内部昇進人材のみでは状況に対応できず，三野村利左衛門という三井の外で経歴を積んだ商人を雇い入れています。三野村は，短期間のうちに三井の実権を掌握し，幕末維新の激動を乗り切り，事業と組織の改革を進めてゆきます。

明治維新後，三井はいち早く新政府の財政確立に重要な役割を果たすことになりますが，それに合わせて経営の中枢を京都から東京へと移します。京都に居を構えていた三井家同苗が東京へ移住し，1872（明治５）年に東京大元方が設置され，そこで重要な意思決定が行われるようになります[59]。東京大元方役場は，三井家同苗４名とファミリー外の専門経営者トップ（三野村等）から構成され評議により経営が行われました。1873（明治６）年には，三井家同苗に

図表３－５　大元方「規則」

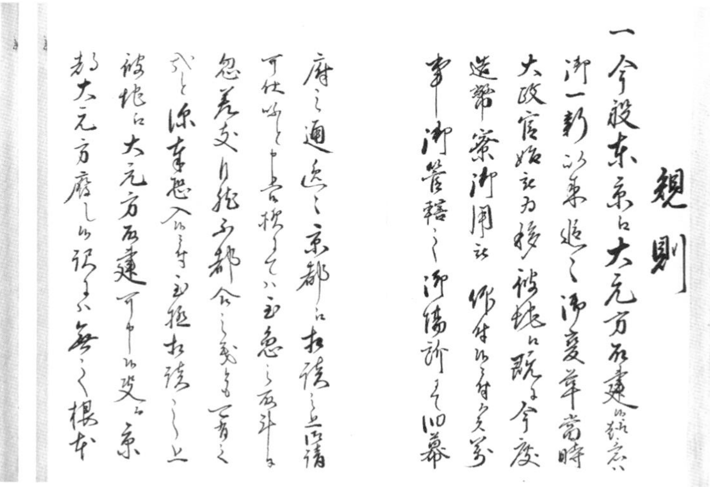

（出所）　三井文庫編『史料が語る　三井のあゆみ―越後屋から三井財閥』（吉川弘文堂，2015年）

（写真提供）　公益財団法人三井文庫

（注）　江戸時代の三井では，京都に置かれた大元方が「本店一巻」（呉服部門）と「両替店一巻」（金融部門）と呼ばれる２つの事業組織を管理していた。しかし，新政府が樹立すると，事業の中心地を変える必要に迫られる。明治４年（1871）10月20日，大元方の臨時会議が開かれ，北家当主の三井高福（たかよし）のほか，大元方役の三井同苗四人は東京へ移住することとされた。この規則は，その決定を踏まえて，統轄機関である大元方を東京にも置くことが明記されたもの。ただ，伝統ある京都から東京に移ることに対しては，大きな抵抗も予想されたため，ひとまずは，東京と京都の２つの大元方が対等に存在することが強調された。（三井文庫編『史料が語る　三井のあゆみ―越後屋から三井財閥』より）

代わり大元方総轄に三野村が就き，組織の改革・再編を断行することで明治時代の新たな事業基盤を確立していきました[60]。

明治20年代には，三井の各営業店（事業会社）と中枢部での組織改革が進められます。近代三井の三本柱として発展してきた三井銀行（1876年設立）・三井物産（1876年設立）・三井鉱山（1889年に官営三池炭鉱払い下げ）の三事業会社が，同族当主を出資社員とする合名会社に改組されます。

1893年に同族当主を正員，同族隠居，成年推定相続人，「特ニ会員ニ推薦シタル者」（実際にはファミリー外経営者である営業店重役たち）を参列員とし，三井家の家政と事業に関する最高意思決定機関として三井家同族会，その事務機構として三井「元方」が設置されました[61]。一方，事業部門に関する実質的な意思決定は，1896（明治29）年から1905（明治38）年の間に，「三井商店理事会→三井営業店重役会→三井家同族会事務局管理部」と変遷しつつ，三井家全事業にわたる方針を「専門経営者」が総合的視点から統一的に立案・推進する仕組みが作られていったのです。

❸　三井家憲の制定

明治維新後の日本の社会の近代化，特に近代法制度の整備が進展し，同族の意識が変化するなか，近世以来の「財産共有制」を維持するため，「宗竺遺書」に代わる三井家の最高規範である「三井家憲」が必要となりました。「三井家憲」は，明治中期の三井諸事業の整理の過程でその必要性を，明治の元勲で三井家に対して絶大な影響力を持っていた井上馨が強く主張したものです[62]。1898（明治31）年頃から本格検討が開始され，民法改正に関与した穂積陳重（ほづみのぶしげ）等が草案を作成し，同族および重役による検討が重ねられ，「三井家憲（109条）」が1900（明治33）年に制定されました。同年7月，「三井家憲制定ニツキ契約」に三井十一家の当主が署名し，三井家憲の同族間における有効性が確認されることとなります。また，同時に「三井家憲施行法」「同族会事務局規則」が制定されています。

民法制定を考慮したうえで，ファミリーによる契約形態を採用したファミ

図表３－６　三井家憲

三井家憲
第一章　同族
第一條　此家憲ニ於テ同族ト稱スルハ祖先三井宗壽居士ノ苗裔ナル各家及ヒ従来ノ家制ニ依リテ特ニ同族ニ列セル各家ヲ併セタル三井十一家ヲ總稱スルモノニシテ即チ三井八郎右衛門、

三井元之助、三井源右衛門、三井高保、三井八郎次郎、三井三郎助、三井復太郎、三井守之助、三井武之助、三井養之助、三井得右衛門及ヒ其各家ノ家督相續人ヲ謂フ
第二條　三井八郎右衛門、三井元之助、三井源右衛門、三井高

（出所）　三井文庫編『史料が語る　三井のあゆみ―越後屋から三井財閥』（吉川弘文堂，2015年）
（写真提供）　公益財団法人三井文庫
（注）　宗竺遺書に代わる三井家最高の規範として制定され，明治33年（1900）７月１日に施行された。第二次大戦後，昭和21年（1946）７月16日の三井家同族会においてその廃止が決議されるまで，何度かの改定を経ながら存続した。大きな改定は，明治37年（1904）に，三井家同族会事務局管理部の機能強化に際してなされたもので，（三井営業店）重役会に関する条文が一括して削除されている。明治42年（1909）には，三井合名会社設立に合わせて必要な改定が施されている。三井家憲は門外不出とされ，その全容は，戦後になって初めて知られるようになった。（三井文庫編『史料が語る　三井のあゆみ―越後屋から三井財閥』より）

リー憲章を明治時代の日本で既に採用していたことは注目に値することです[63]。なお，「三井家憲」の制定をリードした井上馨は，「三井家憲施行法」により終身の三井家顧問となりますが，同族ならびに重役が「三井家憲」を遵守するように監督することとされるなど，第三者による監督による牽制機能が導入されていたことも特徴的です。

❹　三井家同族会

「三井家憲」によって，三井家同苗の権利関係，財産管理の仕組みが定めら

れましたが，三井家としては，更に具体的な問題として，家政と事業の関係，財産共有性とファミリーの権利関係，ファミリーとファミリー外の専門経営者との関係，各営業店と三井全体との関係，所有と事業統括との関係などについて適切に対処する仕組みを作る必要がありました。そこで，三井家憲の理念に沿いつつ，民法・商法の制定・施行も睨みながら，1909（明治42）年に三井合名会社が設立されることになります。以後，家政は三井家同族会が，三井の全事業は三井合名会社が統轄する体制が定着しました。

三井家同族の財産は，営業資産，共同財産，家産に分けられ，営業資産と共同財産は三井家同族会の管理下で運用されることとされました。営業資産は三井家の事業への投資資産と営業準備金です。共同財産は同族各家の災厄の救助・同族共同の臨時負担・営業資金増加の準備に当てられました。また，各営業店からの利益配当金から，同族予備積立金（共同財産）や各家準備積立金への積立てが義務づけられて，それらの積立金の管理を同族会が行い，同族会の決議を経なければ支出できないこととされました。「三井家憲」には「財産共有性」を表だって謳った項目はありませんが，制裁に関する規定のなかには，同族除名の場合には営業財産・共同財産を違約金として没収するとの定めもあり，共有財産の分割を回避するように定められていたことがわかります。また，同族間の争いについて裁判所への出訴を規制するなど，近代法制度における個人の権利行使を「契約」により牽制しています。

❺　三井合名会社

三井合名会社は，傘下の各事業会社の株式を保有し，それら会社を統括することを目的とした持株会社でした。三井合名会社は，三井同族11家の当主を出資社員とする無限責任の会社であり，社長には三井北家（惣領家）10代当主である三井八郎右衛門高棟（たかみね）が就任しました。高棟は，1885（明治18）年に三井北家の家督を継ぎ，以後半世紀に亘り三井同苗の中心に位置した人物です。定款で資本金5,000万円に対する社員の持分を三井家憲が定める同族財産の持分割合に従って定められました。

また，合名会社設立と合わせて傘下事業会社の株式会社への改組が進められました。出資を三井各家当主に限定した三井合名会社が直系会社の株式を100％所有（後に一部公開）することにより，三井の事業資産を三井家同族が閉鎖的に所有し，三井合名会社が傘下事業会社を所有し統括する「三井財閥」の体制が確立します。なお，三井家の事業を統制する会社を株式会社ではなく，合名会社・合資会社形態に改組した理由としては，株式会社のように貸借対照表を公表する必要がなく，財務内容等の秘密が保たれることが有力な理由であったとする研究があります[64]。

こうして，日本の第二次世界大戦前の経済体制のもと，三井のファミリービジネスは，「財閥[65]」という企業集団へと変化することとなったのです[66]。三井財閥においては，資本所有の面では財閥同族の優位性が揺るぎないものでしたが，実際の経営面では専門経営者の役割が大きくなり，特異な形での「所有と経営の分離」が実現してゆきます。三井合名会社における最高意思決定機関は三井十一家当主である社員が構成員となる社員総会でしたが，年に数回の開催であり，付議される案件は，三井合名会社の決算，重要人事，新規子会社の設立など限定されるものでした。そして，特に定められたもの以外は，三井家同族３～４名が構成員となる「業務執行社員会」で決定される制度となっていました。ファミリーの代表である業務執行社員が実際にどの程度経営をリードしていたのかはよくわかっていませんが，その後の流れを見ると，専門経営者の力が強くなっていったようです。

1914（大正３）年には，三井合名会社に理事長職が新設され，ファミリー外の専門経営者である團琢磨（だんたくま）が就任します。1918（大正７）年には，専門経営者で構成される「理事会」が設立され，業務執行社員会に提出する議案その他重要な事項を審議する機関と位置付けられます。こうした経緯を経て，同族より構成される業務執行社員会は理事会決定を追認する性格を強めていくこととなり，実際には理事会が三井合名会社の実質的な意思決定の場としての役割を果たすようになっていくのです。

❻　三井家のファミリーガバナンスのまとめ

三井では，江戸時代の創業２代目の時代に，同苗による財産共有制と同苗と奉公人重役が共同する組織的経営の体制を整えています。そうした所有と経営のあり方は，明治時代にも引き継がれ，近代的な法制度に適合的な形に整えられて，三井合名会社を頂点とするいわゆる財閥が形成されます。さらに，大正時代に入り，三井合名会社に理事長職が新設され，團琢磨が就任するなど，Chandlerの整理における「②企業者企業・同族支配企業」のカテゴリーに属しつつも，ファミリー外の専門経営者に経営を委ねる側面が強くなっていきます。

理事会が三井合名会社の実質的な意思決定の場としての役割を果たすようになったことは「財閥」としてのファミリービジネスが，所有と経営を分離させる方向に進んでいったものとして位置付けることができるでしょう。これらの三井家のファミリーガバナンスに係る動きのなかで，「三井家憲」は現在のファミリー憲章にあたるものであり，三井合名会社は事業に係る意思決定をしつつ，三井家の財産を守るという意味でファミリーオフィス的な役割を担っています。

こうしてみると三井家は，江戸時代から明治時代へと時代が変わるときに，民法・商法および税制の制定という社会の仕組みの変化に適応し，ファミリービジネス組織の変革を行い，その時代に合わせたファミリーガバナンスを効かせた事業運営を行っていることがわかります。創業者の原則・理念を創業以降長年にわたり引き継ぐとともに，ファミリーだけで経営を担うのではなく，ファミリー外の専門経営者を巻き込み，経営意識を共有するというスタイルを選択しています。また，ファミリーと事業を存続させるために，牽制機能を意識しつつ，同族の財産が散逸しない仕組みを作り上げています。江戸時代・明治時代の日本のファミリービジネスの経営に係る工夫を学び，先人の知恵と工夫を今後の日本のファミリービジネスの発展と永続に活かしていきたいものです。

第3節　明治時代のファミリービジネスの課題と解決策

ファミリービジネスには，ヒトに関する2つの課題があります。1つは事業を拡大し多角化する過程で直面する，ファミリーメンバー内での経営人材不足という課題であり，もう1つは世代交代（事業承継）を同族内でどのように対応するのかという課題です。これは，今も昔も共通する課題です。明治時代のファミリービジネスでは，この課題にどのように取り組んだのかを見てみましょう。

人材確保に関する明治時代の日本の事例を見ると，ファミリー内での後継人材の育成とともに，東京帝国大学などの優秀な大学を卒業した人材を高給で積極登用し，さらには婿養子として迎えるという解決策が図られていました。明治時代には，鹿島建設の石川六郎や，安田銀行の安田善三郎など，多くの事例が挙げられますが，「婿養子」という制度を使ってファミリー内の人材強化策を図ることは，江戸時代以前から続く日本の特徴的な対応策です。

外部人材の登用について，三井家でみると，幕末から明治前期における三野村利左衛門の例があります。三野村は，幕末期に幕府からのたび重なる御用金取り立てで三井が窮地に立たされたときに，勘定奉行である小栗上野介（おぐりこうずけのすけ）に掛け合って御用金の大幅減免に成功しました。三井の期待に応えた三野村は，当時の三井としては極めて異例の中途採用の形で三井に迎えられ，三井家ファミリーとともに重責を担うようになりました。

ほかにも，三井銀行の近代化を推進し三井の工業化に取り組んだ中上川彦次郎，三越の百貨店宣言を行った日比翁助（ひびおうすけ），世界的にもユニークな総合商社（三井物産）を立ち上げ，三井合名会社をはじめとする三井財閥の体制を作り上げた益田孝，三井鉱山の経営トップとして手腕を発揮し，やがて三井合名会社理事長として三井財閥全体を指導することとなった團琢磨等が，三井家ファミリー以外の経営者として三井家ファミリーとともに経営を担っていったのです。

三井家では幕末以降，前述の三野村，中上川，益田，團のような優秀なファミリー外の人材を積極活用するとともに，三井合名会社を設立し，ファミリーである社長・業務執行社員と専門経営者である理事長・理事会とが共同する体制を築きファミリービジネスと事業の多角化・成長を両立させていきました。ファミリービジネスにおいては，ファミリーと事業拡大や企業組織の巨大化・複雑化に応じて必要となるファミリー外の専門経営者との関係をどのようにするのか，ファミリービジネスを理解したうえで経営を担う優秀な専門経営者をどのように確保するのか，また，これら人材を通じて知識・技術をどのように取り込んでいくのかは，現代にも通じる課題といえます。

世代交代からくる承継の課題として，民法および相続税があります。戦前期の民法では，家督相続制がとられており，相続により財産が分散することを懸念する必要は低かったと考えられています。一方で，相続税については，1905（明治38）年に日露戦争の戦費調達を機に導入され，1930年代後半以降は相続税の増税によりファミリービジネスの承継に影響が出てくるようになりました。相続税は，ファミリーとして株式承継に際しての負担となって相続人にのしかかり，「所有の分散」への圧力となっていました。

三井家の場合，江戸時代には家訓で三井同苗11家（当初は９家）による財産共有制を定め「所有の分散」が生じないようにしてきました。明治時代に入り民法をはじめとする近代的法制の整備が進展し，同族の意識も次第と変化していくなかで，11家それぞれが個別の家として財産の分離を主張するような事態を防ぐために，三井家憲を制定して近世以来の「財産共有制」を契約によって維持することを図り，さらに三井合名会社の設立により組織的な保障を実現しました。

戦後，民法の改正（均分相続制の採用）により相続毎に実際に事業を営むファミリーの保有株式が分散するリスクに直面することとなった日本のファミリービジネスは，新たな法制度（税制を含む）への対応を図ることになります。そうしたなかでもファミリービジネスと関係を有する多くのステーク・ホルダーとの共栄を図ることで，長期的視野を持ち，代々承継しながら数世代単位でものを考える経営による事業永続の取り組みを行う点は変わっていません。

新たな時代における「所有の分散」に対応する方法として，家族・同族を株主とする資産管理会社を設立して，家族・同族が保有する株式を集団的にプールする方法，グループ内企業による株式の相互持合いとピラミッド型所有構造を組み合わせて，できるだけ少ない株式保有で経営支配を行使する形などの方策が検討され採用されています。「所有の分散」がただちに「所有と経営の分離」につながることを抑止する仕組みが考えられていたといえるでしょう。そのような努力を怠ると，創業者企業や家族企業は，世代交代に伴う「所有の分散」によって衰退する恐れがあるのです。

近年になり事業承継税制が導入されました。事業承継税制は，後継者である受贈者・相続人等が，経営承継円滑化法の認定を受けている非上場会社の株式等を贈与または相続等により取得した場合において，その非上場株式等に係る贈与税・相続税について，一定の要件のもと，その納税を猶予し，後継者の死亡等により，納税が猶予されている贈与税・相続税の納税が免除される制度です。事業承継税制の利用により，所有の分散にも歯止めがかかることが期待されます。こうした仕組みの対応に関しては，本書でも第５章ファミリーオフィスの活用の仕組みで詳しく説明していきます。

Column 3 － 1

変化に対応したファミリービジネスの生き残り戦略

ファミリービジネスの視点から見た時に，江戸時代の商人たちが承継しようとしていたものは何だったのでしょうか。これは，とても難しい問題です。単純に経済合理的な考えだけでは解決しないでしょう。この問題を理解するために，まずは老舗企業の事業存続のための行動事例をみてみましょう。

一般に，長い歴史に裏付けられた老舗企業は，これまでの歴史にこだわり，世の中の変化に遅れがちであると認識されていることが多いかもしれません。もちろん，ファミリービジネスの中にも，伝統を重んずるあまり変化への対応が遅れる企業もあります。しかし，長い歴史の変化の中で生き残ってきているということは，変化対応が成功するかどうかは経営者の資質にもよりますが，多くのファミリービジネスの経営者は変化に対して寛容です。大きな変化に対応できることが，ファミリービジネスの強みです。例えば，和菓子の老舗である虎屋は江戸時代から明治時代に時代が変わるときに，京都から東京に事業の基盤を移しました。また，フランスのファッションブランドのHermèsは，1890年代に自動車が普及していくことに対応して，馬具職人から高級な鞄の製造販売業へと事業を切り替えました。

時代の変化に対応して仕事の内容を見直し，ファミリービジネスの経営者が新たな事業機会を捉えた事例は運輸業界にもあります。1960年代から70年代にかけて，高度経済成長とともに東京―大阪間の長距離輸送が増えたのですが，同時に企業間の競争が激しくなります。ヤマト運輸は参入の遅れから収益が低迷していましたが，1976年に社長の小倉正男氏は個人間の配送に事業拡大のチャンスを捉えて，企業間輸送から宅配便事業へと業態を転換しました。ちょうど同じときに，アート引越センター（旧社名，寺田運輸）は引越業を開始しました。当時の寺田運輸は，７台のコンテナ車で立石電機の荷物を請け負う月極運送の仕事をしていましたが，社長の寺田寿男氏が雨の日の引越トラックを見て，コンテナ車を使えば濡れずに引越ができると考え，土日を利用して引越業をスタートさせました。いずれも経済が発展し個人の活動範囲が広がるという時代の変化に対応し，経営者が大胆に決断して事業の舵を切り，強いリーダーシップで企業を成長させた事例といえるでしょう。

外部環境の不連続な変化に直面した時に，専門経営者が経営する企業と比べて，ファミリービジネスは創業者一族の考えに基づくトップダウン経営であることから革新的な行動に向けた大胆な意思決定を下しやすい組織になっています。ファミリーオーナーがトップダウンスタイルで経営が行うため，大きく舵を切ったとき，その変化への対応は従業員のコンセンサスを得やすいと考えられます。これは，集団的な経営スタイルをとりがちなサラリーマン経営の会社では，実現しにくいことかもしれません。

変化対応という観点で，企業の組織構造を考えると，一般に，素早い意思決定を行うためには，経営の意思決定に時間を要する合議的な経営スタイルよりは，トップダウン型の経営が向いています。実際にファミリービジネスの経営スタイルを見ていると，トップが力を持ちつつ，フラットな組織運営を行う組織体系になっている企業が多くみられます。さらにいえば，仮に組織構造では，タテ型の組織となっていても，具体的な指示はインフォーマルな経路でオーナーが直接的に出すケースもあります。トップダウン型の経営手法が適している産業においては，大企業でもファミリービジネスが多く，その経営者の資質が競争優位の源泉となる背景にあると考えられます。

こうしてみると，企業が長期にわたって生き残るためには，進化論で有名なDarwinが語ったとされる「最も強い者が生き残るのではなく，最も賢い者が生き延びるのでもない。唯一生き残ることが出来るのは，変化できる者である」という言葉にもあるように，「変化への対応」が最も重要であると言って過言ではないでしょう。

Column 3 － 2

明治民法の制定

1890（明治23）年４月21日に公布された明治民法の家族法分野では，明治前期に整備されていた戸籍制度を基礎にして，戸籍に体現される「家」を基幹の家族制度として家族法の規定が整備されました。「家」制度を定めて家族の正統的なあり方を宣言することにより国民の家族意識を形成する法として，強いイデオロギー効果をもちました。

戸籍は実際の生活を反映したものでしたが，明治民法の「家」制度や戸籍制度によって，より強く国民の意識を形成したともいわれています。明治民法に定められる戸主権（こしゅけん）は，実はそれほど強いものではなかったという解釈もありますが，少なくとも家督相続制度は戸主権の強化とファミリーの従属に寄与したと考えられています。経済的に豊かでないファミリーメンバーがその生存をファミリーの財産（家産）に依存していた時代において，相続によってファミリーの財産を獲得した者がそれに依存する家族メンバーに対して事実上の強力な力を持ったと考えられます。

その後，第二次世界大戦を経て1947年２月に改正された民法（昭和民法）においては，日本国憲法の男女平等規定のもとで，「家」の制度が廃止されました。それは西欧諸外国の民法よりも男女平等という点では徹底したものでした。同時に，経済復興，高度経済成長を経て日本も豊かな時代となり，都市部ではファミリー財産にファミリーメンバーの生存がかかわるような時代でなくなります。働いて賃金を得ることができる成人はファミリーから離脱してもその生存が危うくなるわけではないことから核家族化が進み，ファミリーとしての拘束力は薄れるようになります。こうした時代の変化が，ファミリービジネスの存続に影響を与えていることは間違いないでしょう。

Column 3 − 3

日本における財閥経営とファミリービジネス

ファミリービジネスは，欧米，日本のみならずアジア，オセアニア，中南米諸国でも存在していますが，その経営スタイルは，産業の発展，企業法制の整備状況等により差が生じています。明治時代日本においては，江戸時代以来の規模の大きいファミリービジネスは，明治政府の富国強兵政策を背景として工業的発展を組織的に対応しました。同時に，民法・商法等近代法制に適合した組織運営を図るべく，事業の多角化と承継の両立を目指すこととなります。

江戸時代から明治時代前期における日本のように市場が未発達であり，情報に非対称性がある場合には，家族・同族等のような特定の社会集団内部の「信頼」に基づく取引が発達し，これがファミリービジネスの存続に貢献しました。その後の急速な欧米化を目指した富国強兵政策の基で，迅速な意思決定とフレキシブルな資本移動が可能であるファミリービジネスは有効に機能しましたが，同時に従来の体制のままでは，急速な工業化の必要性と多業種化および近代法制対応に適応できなくなり，組織運営形態を変化させる必要が生じました。具体的には，民法・商法等近代法制制定の動きへの適応を考慮したうえで，従来の事業を世代を超えて承継しつつ，その事業規模・事業範囲・構成を巨大化し，垂直統合的にグループ化したものと捉えられます。

こうして「財閥」という経営スタイルが誕生します。「財閥」として経営されることとなるファミリービジネスは，Chandlerの整理によれば，「個人企業または家族・同族支配企業」の一形態と考えられます。同時に，明治時代後半から大正時代を経て第二次世界大戦期まで時代を経るとともに，徐々にファミリーとの関係を保ちつつ，「経営者支配企業」的な組織運営に近づいていきます。最終的には，一般的に第二次世界大戦後の財閥解体によって財閥は終焉を迎えます。このとき，ファミリーと企業の関係は離れ，Chandlerの整理した「経営者支配企業」のカテゴリーに完全に移行していくのです。

■———— 第 II 部 ————■

後継者育成と事業承継に役立つ解決策

第Ⅱ部は解決編です。ファミリービジネスの経営者の方々、事業承継をする後継者の方々に役に立つ「最適解」となるような具体的な解決策を示しました。第４章では欧米の有力企業も活用しているパラレル・プランニング・プロセス・モデルの紹介です。これは事業と家族の運営・計画を並列的に考えることで、日々の経営から事業承継までをスムーズに進めようというモデルです。第５章は金融ソリューションです。監査法人と信託銀行が実際に業務提案をしているスキームを紹介します。難しい金融スキームも，理解しやすいように，図解し事例を使って説明しています。

第4章

パラレル・プランニング・プロセス・モデル

第1節　パラレル・プランニング・プロセス・モデルの概要

❶　ファミリーとビジネスを並行的に考える

これまでファミリービジネスの定義やファミリーガバナンスについて取り上げてきました。ただし，実際にファミリービジネスに関係する人の悩みは，「いったいどこから手を付けたらよいのかわからない」「スムーズに事業承継を行うために何を準備したらいいのかわからない」というより具体的なものでしょう。私たちは第4章でこうした悩みに対する具体的な解決策としてパラレル・プランニング・プロセス・モデル（Parallel Planning Process Model，並行的計画モデル。以下PPPモデルとする）を紹介し，第5章で金融ソリューションを提案していきます。

ファミリービジネスは，その事業が成功した時には，ファミリーを大きく発展させ，社会における影響力や貢献を持続させていくことができます。そのために，将来を見据えてプランニングや意思決定を積極的に行っていく必要があります。PPPモデルは，ファミリービジネスにおける難しい課題を解決するための数多くのヒントを提示しています。スリー・サークル・モデルや4Cモデルとは異なる性格を持ち，ファミリーやビジネスの具体的な課題をモデルに従って検討していけば，ファミリーとビジネスの両方のプランを策定し課題を解決できるのです。

PPPモデルを通じて，何を実現するのかを考えるために，改めて，ファミリービジネスが事業を行っていくうえで遭遇する「ファミリーとビジネスの関係性における課題」を３つ挙げます。

① ファミリーの中でのリーダーシップとオーナーシップの承継をめぐる問題にどう対処したらいいのか。
② ファミリーメンバーがビジネスに参加（コミットメント）することを，ファミリービジネスの競争上の強みにどうやってつなげていくか。
③ 競争の激しいグローバル経済において，ファミリーの資金協力，あるいはファミリーメンバーを経営メンバーとして雇用することを，その企業の価値創造につながるビジネス戦略の実行にどうやって振り向けていったらよいか。

この３つの課題は，いずれも解決することはとても難しい問題です。ファミリービジネスの経営が難しいのは，ファミリーとビジネスを同列に扱わなくてはいけないからです。この２つを並行して計画的に取り組むというPPPモデルを通じて解決できれば，非ファミリービジネスに対する競争優位につながるでしょう。

解決が難しくなる理由には，ファミリー側の事情とビジネス側の事情があります。まず，ファミリー側の事情を考えます。各ファミリーメンバーには結婚や出産などのライクサイクル上でのイベントがあり，それを考慮しなくてはいけません。一方，ビジネス側には，グローバリゼーションや，新事業の成長の追求，成熟していく市場への対応，事業の複雑さ，技術の進歩，競争の激化など，常に外部環境の変化に直面し，対応を迫られ続けなくてはいけないという事情があります。

ファミリーの間では，ファミリーメンバーに対する気遣いや思いやりといったものに関心がありますが，その一方で，ビジネスの関心事は，極端な言い方をすれば「お金」です。したがってファミリーとビジネスという組み合わせは，本来ならば相容れないものなのかもしれません。それぞれの課題に対して，ファミリーもビジネスも，その置かれている状況は常に変化します。また，その課題を解決しようとすると，それまでのファミリーとビジネスの関係は見直しを迫られることとなります。うまく対処できなければ，ファミリー間の対立やビジネスの業績悪化を招きかねないのです。仮に，ビジネスに対する考え方を好ましい方向へと舵を切り直すことはできても，例えば公平性の確保，各人の役割の明確化，メンバー間の合意が確保された意思決定のあり方，良好な人間関係の維持のファミリー内の人間関係に関わることは解決できず，ビジネスの成長と存続にとって障害となることはよくあります。

PPPモデルの特徴は，一言でいえば，対立しがちなビジネスとファミリーの間を調整するプログラムです[67]。ビジネスとファミリーという2つの異なる考え方を体系的に結び付け，包括的な事業計画に組み入れ，整合性のとれたものとします。PPPモデルでは，ビジネスとファミリーという異なる2つのシステムの戦略的な行動を調整し，ビジネス上のニーズとファミリーの期待の整合性を図ることになります。整合性がとれた状態にできれば，ファミリービジネスのガバナンスを有効に実践していくことができるのです。

企業経営は，その時々の外部環境によって，対応策は常に変わります。後継者は事業を引き継ぐときに，先代の経験を短期間で追体験することは難しく，経験不足から経営問題が生じることもあります。また，ファミリーとビジネスの双方のシステムにおいて複雑さが増してくると，それに伴い効果的なプランニングを実行することは一層困難になるため，そのための効果的なツールやモデルが必要になってくるのです。相容れない場合が多いファミリーとビジネスですが，並行的に計画を策定することで，ファミリーを調和させ，ビジネスの成功を目指します。すぐれた事業戦略を持っているファミリービジネスは多くありますが，ファミリー・プランニングを行っているところはあまりありません。ファミリービジネスを円滑に運営するには，ビジネスよりもファミリーにかかわる部分が重要です。ファミリーメンバーの意識の多様性を克服し，成長に向けた事業経営を継続できるように，ファミリーとビジネスが並行的に情報を共有する不断の取組みが必要です。

PPPモデルでは，明確な価値観とビジョンに支えられたプランニングを行うことで，ファミリーは機会を上手く活用できるビジネス戦略を策定することを目指します。並行的に考えるように心がければ，ファミリーは熟慮を重ねたうえで公正な合意に基づき物事を進めるようになるでしょう。PPPモデルを実践していくうちに，ファミリーメンバー同士のコミュニケーションが促され，さらには，ファミリーメンバーと経営陣との間で，ビジネスの持続的成長とファミリーの調和にとって不可欠な要素について共通の認識が形成されるようになっていくのです。

❷ パラレル・プランニングの５つのステップ

PPPモデルは全体が５つのステップで構成されています。それらを組み合わせることで，ファミリーと経営者がファミリービジネスの将来像について考え，プランニングを行うための包括的なアプローチが理解できるように作られています[68]。すなわち，ファミリーとビジネスの双方のシステムを，「価値観」「ビジョン」「戦略」「投資」「ガバナンス」という５つの活動の各ステップを体系的に結びつけることで，並行的にプランニングを行おうというのです。５つのステップに分けて考えるのは，双方のシステムを整合性のとれたものにするためです。

経営者にとっては，ファミリーの関連する複雑に絡み合ったアイデアを，ビジネスにおいて馴染みのあるフレームワークに落とし込んでいくことができれば，理解しやすくなります。このアプローチが理解できれば，ファミリーメンバーのうちオーナーだけでなく役職に就いていない者，あるいは事業に参加していない者も，プランニングとガバナンスの概念を正しく理解することができるでしょう。こうすることで，各ファミリーメンバーのビジネスに対するコミットメントを引き出し，ファミリーメンバー，ビジネス関係者および利害関係者の価値観を実現するために必要な強みを獲得できるのです。

図表４－１　PPPモデルの５つのステップ

	価値観 (Values)	ビジョン (Vision)	戦略 (Strategy)	投資 (Investment)	ガバナンス (Governance)
ファミリー側の視点 (Family Actions)	ファミリーの価値観	ファミリー・ビジョン	参加戦略	人的資本	ファミリー集会とファミリー協定
ビジネス側の視点 (Business Actions)	ビジネスの文化	ビジネス・ビジョン	ビジネス戦略	金銭的資本	取締役会

（出所） Carlock & Ward（2010）より筆者作成。

５つのステップはいずれもパラレル・プランニングにとって不可欠のものです。５つのステップが適切に行われれば，ファミリービジネスが価値を生み出すのに役立つでしょう。これら５つのステップを経ることで，ファミリービジネスの関係者の間で，「ファミリーメンバー各人の目標が明確」にされて，それらが「１つに集約」されていくのです。ファミリーメンバーが，価値観と自らの将来像にかかわるビジョンを共有することができ，有能かつ起業家精神にあふれるファミリーメンバーがビジネスを担うことが，ファミリービジネスの成長とオーナーシップの存続にとって欠かせません。

また，５つのステップを経ることで，「メンバー間の円滑なコミュニケーションを通じて各人の意見が共有」され，「財務的資本や人的資本が，共有されたビジョンの実現に向けて適切に投入される」ようになり，「ファミリーとビジネスの２つのシステム間の強固な関係が構築」できるでしょう。これが，PPPモデルの重要なメッセージなのです。

それでは，ファミリーとビジネスが５つのステップにおいて，それぞれどのような役割を求められるのか，次節では，まず価値観とビジョン，次に戦略と投資，そして最後にガバナンスについて順に見ていきましょう。

第2節　価値観とビジョン

❶　ファミリーが「価値観（Values）」を共有する

最初のステップとなる「価値観」のポイントは，ファミリーが共有する価値観についてメンバー間で合意を得ることです。ファミリービジネスにおいて，各ファミリーメンバーのコミットメントをつなぎとめるには，ファミリーとビジネスの双方についてプランニングを行っておくことが効果的です。PPPモデルは，ファミリーの価値観を明確にすることから始まります。ファミリーの価値観とビジネス文化を同時に考えることで，ファミリーのプランニングや行動の土台を作り上げることができます。ファミリーが共有するビジョンは，ファミリーがビジネスに貢献し，やがて競争上の強みとなるためのいわばロードマップとなります。こうしたプロセスを経ることで，ファミリーとビジネスの両者が最高のパフォーマンスを得ることになるでしょう。

ファミリーメンバー同士でメンバーが感じている価値観，それから将来のビジョンについてファミリー相互に意見をすり合わせて明確にするとともに，ファミリーとビジネスの両者の各ニーズを調整するためには，各メンバーの意見を集約させなくてはいけません。ファミリーの中には，ビジネスの成長に価値を見出さないメンバーがいるかもしれません。むしろ，社会貢献に価値を見出す人がいるかもしれません。自分たちのファミリーと社会との関係性を考えるには価値観の共有は重要です。また，ファミリービジネスおよびファミリー関係の継続性に対する考え方が分かれることがあるかもしれません。さまざまな異なる意見を集約し，ファミリーメンバー全員の価値観を集約することは難しい課題ですが，避けては通れないことなのです。

ファミリーの中で価値観が共有されるとビジネスの成功に強い影響力を持つことになります。例えば起業家精神や誠実さといった健全な価値観は，多くの成功したファミリービジネスのバックボーンとなっています。なぜなら，ビジネスにおける投資判断を認めるか認めないかは，すべてこのファミリーの持つ価値観に沿っているかどうかで最終判断が行われるからです。逆に，ファミリーメンバー間で秘密主義に陥るような，信頼を否定するといった不毛な価値観があったとしたら，それは負の影響力を持ちます。ファミリービジネスでは，ファミリーメンバー相互および，従業員をはじめとするステーク・ホルダーとの間で築かれる信頼関係が，非常に重要な事業資産です。ファミリーは，自らの価値観，ひいてはその価値観がビジネスの業績に与える影響について，認識しておく必要があります。

ファミリーメンバーのコミットメントは，競争上の強みを生む最も重要な源泉です。創業間もないファミリービジネスにとって，起業家精神にあふれる創業者が能力と金銭面において有するコミットメントこそが，事業の成功に欠かせない原動力です。もしファミリーがビジネスを成長させたいのなら創業者を支え，ビジネスへの積極的な参加と投資を通じてコミットメントを示す必要があります。創業者の意思（価値観）を受け，ファミリーメンバーが強くビジネスに対しコミットメントすれば，それは組織の求心力となるでしょう。

ところが，世代を経て兄弟から従兄弟へ，そしてさらに離れた親族関係へとファミリーメンバーの関係性が希薄な状況へ拡大すると，第３世代，第４世代のファミリーメンバーに創業者世代と同じレベルでのコミットメントを求めることは難しいでしょう。また，株主としての地位にありながら，事業経営に関わらないファミリーメンバーが増えることも，価値観の共有を難しくします。こうした事態が生ずることは十分に想定できることですが，それでも，第２世代，第３世代のファミリーメンバーのうち事業に中心的に携わり，事業を承継し成長させようとする者にとっては，コミットメントに関わる問題に直面し悩むこととなるのです。

このような価値観共有の危機をどう乗り越えるかが，ファミリービジネスを成功に導くPPPモデルの最初のステップとなるのです。

❷　価値観によって導かれるビジョンの共有（Vision）

２番目のステップである「ビジョン」のポイントは，ファミリーに共通する「価値観」からファミリービジネスのビジョンを策定することです。ファミリーが共有する価値観という暗黙知（言い伝え，目に見えない状態）を形式知化（文書化，見える化）することで，ファミリー内での認識は明確になります。既に，家訓，家憲などを持つファミリーは，それらが何を示すのか，認識を共有する必要があります。他方，ビジネスサイドでは，ファミリーにおける家訓や家憲などを踏まえて，理念やビジョンなどが示されていることがあります。行動規範というかたちで示されていることもあるでしょう。

ファミリーの価値観に基づいて，ファミリーのビジョンが形作られ，そしてそのビジョンがビジネスと共有されたとき，ファミリービジネスが手掛ける事業の将来像，つまりは事業戦略へとつながっていきます。ファミリーは，創業者から連なるファミリーの残してきた遺産の受託責任者として，自らが人的資本および財務的資本の投資に対して積極的になることができるようなビジョンを共有しなければいけません。そして，ファミリーが共有するビジョンがいかにファミリーとビジネスおよびその利害関係者との関係の基盤になっているか検討し，共通した理解を持つことが重要です。

ビジネスにおいて示されるビジョンとファミリーのビジョンの関係には，細心の注意を払う必要があります。例えば，ファミリーの掲げる企業経営に対するビジョンが，「比較的小規模で成長よりも安定を求める」スタイルの場合には，企業運営は家族経営のまま一定の地域で事業を継続し，一地域での競争に留まることとなります。このときたとえ小さくても事業が成功しているのであれば，ファミリーメンバーが就業を希望した時に，比較的容易に迎え入れることはできるでしょう。安定を求める企業の場合，経営陣もファミリーメンバーが大半を占め，新たなファミリーメンバーの雇用基準は，ビジネスに対する関心の強さ，忠誠心，奉仕の精神などとなるでしょう。

他方，ファミリービジネスが掲げるビジョンが，「成長重視あるいは世界的なリーディングカンパニーを目指す」ときには，より緻密にビジネス戦略を練り上げる必要があり，かつそれを実行できるスキルを有した専門的な経営陣を組織する必要があります。成長を求めるファミリービジネスでは，ファミリーだから地位が保全されるということはありません。その企業の重要な地位を占めるに相応しいと思われるファミリーメンバーが，その職に就く必要があります。例えば，先代社長が息子に事業承継することを望んでも，上場企業であればコーポレートガバナンスの仕組み上，株主が反対しファミリーの意向が実現しないということになりかねません。「成長を重視する」という価値観を実現するためには，ファミリー出身以外の者を含めて高度に専門的能力を持った経営陣を組織しなくてはいけません。

ファミリーメンバーの能力次第では経営陣の一員に加わることができなくなり，株主には留まりつつも経営陣に参画できないという関係の仕方になることもあるでしょう。このときビジネスサイドの意思決定が，ファミリーメンバーの意思に沿うものであればよいのですが，一部のビジネスに従事するメンバーが，他のファミリーメンバーの意向を無視するような形で意思決定すると，意思が尊重されなかったメンバーは株式を売却し，ファミリービジネスの継続に支障をきたすような事態を招きかねないのです。

第3節　戦略と投資

❶　ファミリービジネスの事業戦略（Strategy）

ファミリービジネスを成功に導くためには，ビジョンやさまざまな戦略や計画の策定に関し，ファミリーサイドとビジネスサイドが並行して，それぞれの課題を提示し解決するように取り組まなくてはいけません。解決すべき課題はファミリーサイドの中でも，ファミリーとビジネスの関係においても，相互に密接に結びついています。もちろん，通常のビジネスでも課題は連続的に起こり，経営者は常に解決を迫られ続けますが，ファミリービジネスでは，その解決にあたり，ファミリーとビジネスがそれぞれに抱える問題を調整し，ビジネス戦略を計画しなくてはいけません。

３つ目のステップであるファミリービジネスにおける「戦略」のポイントは，ファミリーの参加とビジネス戦略をプランニングすることです。経営上の課題に直面したときに，ファミリーがプランニングや意思決定を一緒に行うという仕組みを作っていないと，ファミリーやビジネスをめぐって生じる問題が解決不能になり，メンバー間の対立の火種となりかねません。対照的に，明確な合意や計画に基づいた戦略は，その時々のファミリー内の人間関係などの不確定な要素に左右されることはないでしょう。

ファミリーにおけるリーダーシップとオーナーシップを向上させるためには，ファミリーとビジネス双方に必要となる戦略プランニング・プロセスを同時に検討しなくてはいけません。ビジネスにおける最終的な目標は，組織を正しく円滑に運営し，かつ利害関係者にとって長期的な経済価値を創出するように戦略を展開することです。それは対象企業の強みや機会を上手く活用した堅実なビジネスプランを作ることでもあります。効果的に組織を運営するためには，現実に起こった結果から学ばなくてはいけません。

ファミリービジネスでは，ビジネスサイドからだけでなく，ファミリーサイドから見ても納得のいく組織運営が必要であり，すべての組織における最も重要なタスクは学びです。新たな「知識を創造する」ためには，顧客・取引先・株主などの外部環境との相互作用を的確に行うために必要とされる対人関係上のスキルが必要とされます。ファミリービジネスを成功させるためには，ファミリーサイドもビジネスサイドも，学びを知ることは欠かせないものです。PPPモデルでは戦略を実行した後の結果に対し，ファミリーとビジネスの両面に対するフィードバックを求めます。「会話の場」を通じて，次世代のファミリーメンバーは，ファミリービジネスにおいて必要とされる，ファミリー内での対人関係上のスキルを高め，課題を共有することができるのです。

❷ 戦略を実現するための投資のスタンス（Investment）

ファミリービジネスは，保守的な考えに基づき，既存事業の継続に注力しリスクを好まないという認識が多く見られますが，実際には，ファミリーが既存事業の継続に留まるだけでは，長期的な目標（成長，収益，事業規模など）に到達することはできません。外部環境が変化するとき，立ち止まっていることは許されません。ライフサイクル仮説に基づき１つの事業が衰退する時，新たな事業機会を見出していないといけません。

事業に取り組む中で，挑戦的な取組みが必要な時もあります。自らの企業が時代に取り残されないように，市場におけるチャンスや競争力を追い求める必要があるのです。外部環境の変化により，それまで手掛けてきた既存事業に取り組むだけでなく，新たな成長の可能性があるような潜在力のあるベンチャー的な事業への参入を考えることもあるでしょう。ファミリービジネスだからこそできる先行投資の機会を有効に活用しなくてはいけません。

ファミリービジネスにおける４つ目のステップとなる「投資」のポイントは，財務的な意味での投資だけでなく，人的資本への投資も含まれます。ビジネスプランニング・プロセスによって，企業の次世代戦略を考えたうえで，成功する確率の高い戦略を選び投資判断を行わなくてはいけません。ファミリーの持つ財務資産をどのように活用するのか，中長期的な観点での投資戦略が求められます。また，新たな事業に取り組む人材をファミリーの中でどのように育成するかを考える必要もあります。もちろん，ファミリーの持つ価値観に合致したものでなくてはいけません。次世代リーダーが事業承継したあとで「第二創業」というかたちで先代の事業を棚卸しし，新たな時代に向けた取組みに着手するケースもよく見られます。

新たな事業に取り組むとき，ファミリーの財務的資産だけでなく，取引先からの信頼や企業の看板（ブランド）などの情報的資産も十分に活用しなくてはいけません。ファミリーメンバーとビジネスの経営陣が新規事業への投資に対する目標を共有することができれば，新たな事業機会の獲得が成功する可能性は高まります。また，取締役会から投資案件に係る相談があったとき，ファミリーオーナーが論理的かつ系統立てて投資判断を行うには，ファミリービジネスにおける投資判断基準である「経営陣のビジネス戦略」「ビジネスの戦略的な可能性」「ファミリーのコミットメント」という重要な３つの要素との関連性を吟味したうえで，**図表4－2**に示した「投資マトリクス」に沿って考えることになります[69]。

図表4－2　ファミリービジネスの投資マトリクス

A ビジネスの戦略的可能性	B ファミリーのコミットメント	C 再投資の割合	D 配当の割合
強（Strong）	投資	60～100%	0～40%
中（Medium）	保有	40～60%	40～60%
中（Medium）	資本の回収 (Harvest)	10～40%	60～90%
弱（Weak）	売却	0％	100%

（出所）　Carlock & Ward（2010）より筆者作成。

ファミリービジネスには，多様な世代，考え方，ビジネスへの関わり方をしているファミリーメンバーがいるため，その中にある多様な企業経営・投資判断に対する考えをまとめることは難しいことです。そのようなメンバーが長期のコミットメント（成長目標，事業投資）に対し，的確な意思決定を行うためにも必要な情報を共有する必要があります。逆に，現実に対する正しい認識がなければ，ファミリーメンバーは保守的に考えがちになり，ファミリービジネスの資産の一部か，すべてを処分するような意思決定はなかなか決めることができません。

ファミリーの人的投資におけるコミットメントも合わせて検討する必要があります。ファミリーメンバーのなかで，事業承継を意識しつつ参加戦略を考えると，どのメンバーをどのタイミングで入社させ，どのような役割を果たしてもらうのか，それが中長期的な経営戦略の実現にどのように貢献するのかなどの観点から，十分な吟味を必要とします。ファミリーメンバーがその会社の一員に加わるときに，一貫したある一定の手順に則って人選が行われるように決められていれば，ファミリー間の良好な関係に影響を与えないのですが，その手順が定められていなかったり，恣意的なものであったりすると，ファミリーメンバー間の争いごとにつながりかねません。通常，多くの親は，自分の子を有能であると考え，ファミリーによるサポートを受ける資格を有していると考えがちです。ファミリービジネスにおいては，親世代の思い込みによって後継者のキャリアは常に潜在的な「問題の種」となりがちです。既に成功したビジネスを有し財産を築き上げているファミリーに属する次世代の各ファミリーメンバーは，出生とともに（祝福されて）ファミリーの一員になります。それと同じように，ファミリービジネスにおいても必然的に雇用される権利が与えられていると考えるからですが，自らの権利意識のみを主張するのではなく，ビジネス上のニーズを理解し，ファミリーとビジネス全体の成功といったより巨視的な視点で物事を考える必要があります。そのような視点が身に付いていれば，ビジネスに参加するメンバーとして，真に能力ある人材が必要であるということも認識することができるでしょう。このような視点を持つことができないファミリーメンバーが，単に縁故だけの理由でビジネスに携わることはファミリービジネスにとって，ダメージにつながりかねません。ファミリー内の人間関係のトラブルには慎重な対応が求められます。

第4節　ガバナンスからスチュワードシップへ

❶　ファミリービジネスをコントロールするガバナンス（Governance）

ここまで，ファミリーとしての価値観およびビジョンの共有が重要であることと，事業運営に必要な戦略と投資を見てきました。最後のステップとなる「ガバナンス」のポイントは，良好な業績を持続させるためにファミリーとビジネス双方のガバナンスを確保することです。

ガバナンスについては，既に第2章でコーポレートガバナンスとファミリーガバナンスを見ていますので，本節では，その内容をPPPモデルの中でどのように取り上げられているかを確認し，スチュワードシップへとつながる流れをみていきます。

ファミリービジネスは，ビジネスとファミリーの間で生ずる対立を調整しつつ事業を長期的に存続・成長させ，後継者につないでいくという重い課題を背負っています。そのために，通常のコーポレートガバナンスに加えて，家族との折り合いをつけるという非常に難しい課題を与えられ，解決しなくてはいけないことは先に見た通りです。ビジネスとファミリーの２つのガバナンスをバランスさせるといっても，本来はファミリーとビジネスとは全く異質のものであり，ファミリーとビジネスのニーズには本質的に緊張関係が存在するものです。

意思決定のあり方やコミュニケーションも，それぞれに違ったかたちがとられます。ファミリービジネスにおいては，そのファミリーの特徴が，ビジネスシステムの側に影響を及ぼすこともあるでしょう。具体的な事例としては，業績評価（報酬），雇用，再投資，配当等に関する決定の際などにおいて，ファミリーメンバーの期待にビジネスサイドが応えることができないときには緊張状態が生じます。ファミリー内の不和の原因となりかねません。

それぞれのファミリーの中にある考え方や文化は外部の人間からは，容易には窺い知ることはできませんが，ビジネスの側で生じた問題がファミリーの中で発生するあらゆる問題（矛盾，衝突，葛藤など）の根源ともなり得るでしょう。その一方でファミリーメンバーにとっては，ファミリーの存在は心の拠り所となる確固としたものでもあることは間違いないでしょう。

ファミリーおよびビジネスのガバナンスを成立させるために，ファミリーとビジネスの双方のプランを並行的に考えその整合性を図ることが，これらを効果的に実行するうえで重要な要素となるでしょう。PPPモデルが示すファミリーガバナンスでは，ファミリーメンバーの「ビジネスに対するコミットメント」と「価値を生み出すビジネスの潜在能力」が望ましいかたちで結び付くように「場」を設ける必要があると考えます。

ビジネスにおける様式（コーポレートガバナンス）は，ある程度標準化されています。ビジネスサイドにおけるガバナンスの仕組みとして取締役会が設置され，戦略策定・意思決定・説明責任に関して，経営者やオーナーといかに協力すべきかについて考えます。

一方，ファミリーの仕組みやその運営（ファミリーガバナンス）については，各ファミリーに固有のものがあり，また，ファミリーメンバーそれぞれの行動の意図等も明確ではありません。ファミリーガバナンスのスタイルは，それぞれのファミリー固有の事情に合わせてファミリーオフィスやファミリーコミッティーなどの仕組みを構築する必要があります。また，ファミリー協定を作り，争いごとへの対処の方法を含めて事前に検討しておく必要があるでしょう。

ビジネスとファミリーの関係における緊張や摩擦が生じる恐れがあるときに解決の手段が，家憲やファミリー協定の形で明確に定められていれば，各メンバーはファミリーの中での役割やビジネスで求められる要件を正しく認識することができ，各人が協定に則って公正に扱われていることを実感できることとなるでしょう。ファミリーガバナンスを考えるうえで適切な状況は，ビジネスがファミリーの不適切な影響を受けることなく適正に運営されていることですが，逆にビジネスを通じて得た果実をファミリーが不当に入手していること，あるいはファミリーであるということで，能力のない人間がビジネスの重要な役職を占めていることなどは不適切な事例です。

❷　ガバナンスからスチュワードシップへ

ファミリーとビジネスを両立させる形でファミリーガバナンスの仕組みをビジネスおよびファミリーの中に定着させることができたら，次のステップとして，企業とファミリーを並行的に運営したうえで，事業承継を考えることになります。ファミリービジネスの事業承継は，時間をかけて計画的に進めていくことが望まれます。

必ずしも有能ではない子供に事業承継を行うことで，経営を混乱させる事例は数多くあります。単純に子供だから事業承継できるという論理は成り立ちません。仕事を期待しているファミリー・メンバー（子供）に，ビジネスに必要なスキルが欠けているときには，そのファミリービジネスは破綻することとなります。ファミリーがメンバーの雇用をめぐって適切にプランニングを行っていないとき，あるいは，採用において公平性が欠如しているときには，より頻繁にファミリービジネス内に問題を起こすことになりかねません。能力のない二代目が事業を承継することに対する社内外の反発が発生したり，それでも事業承継する結果，「売り家と唐様（からよう）で書く三代目」などといった事態に至ってしまったりするのです。

図表４－３　計画的な事業承継

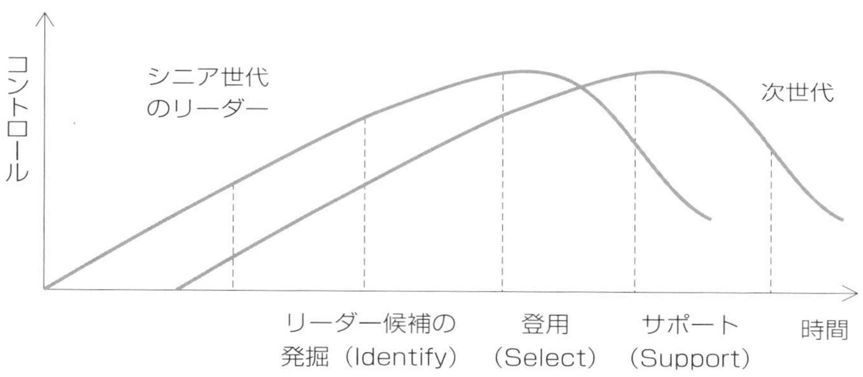

（出所）　Carlock & Ward（2010）より筆者作成。

そのような事態に陥らないためには，ファミリービジネスのスチュワードシップ（受託責任）について考えておく必要があります。ファミリービジネスの当主に聞くと，自分は襷（たすき）を預かっているだけであり，着実に後継者にその襷を渡すことが大事です，という駅伝ランナーを意識した発言が見られます。会社およびファミリーに対して，ファミリーが有する企業に対するスチュワードシップによって，ファミリーの遺産は，先代から後継者へと承継されていくのです。

円滑に事業承継を進めるためには，各世代の経営者がスチュワードシップをもって，事業運営に臨む必要があるでしょう。事業を自分の個人の事業と考えず，継続するものとし，自分はその繋ぎ手であるという意識を持つとき，次世代のメンバー中で誰を継承者とすべきか決まってくるでしょう。ここでは，私情を捨てることが求められるのです。ファミリーメンバーのスチュワードシップ意識に基づき，事業だけではなく資産の承継をいかに円滑に行うことが重要になっていくでしょう。

第５節　ファミリービジネスの「５つの問題（５つのＣ）」

以上みてきたように，ビジネスファミリーは５つのステップを通じて，ファミリーの期待とビジネスのニーズをコントロールし，プランニングと意思決定を行う必要があります。そのときに重要な意識上のポイントは，**図表４－４**に示す「５つの問題」（５つのＣ）です。この「５つの問題」に沿って，ファミリーとビジネスのバランスをとることができれば，ファミリーとビジネスの対立が生ずる可能性を抑えることができるでしょう。

図表４－４　ビジネスニーズとファミリー期待のバランスをとる５つのＣ

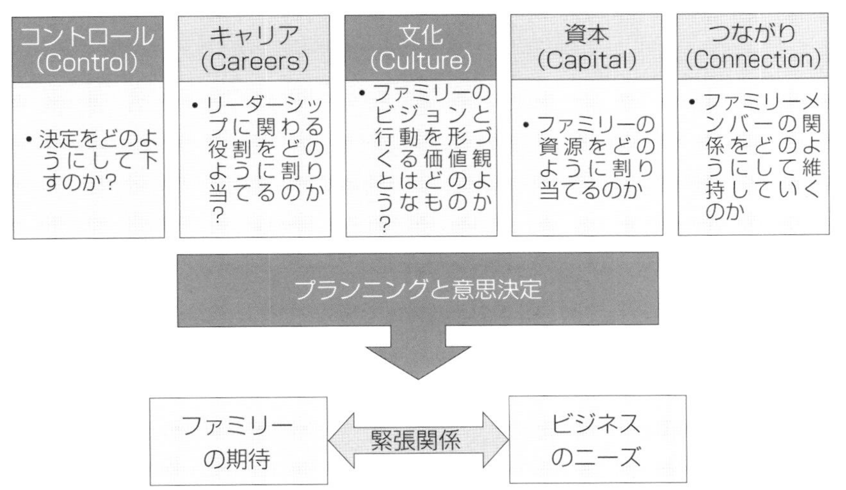

（出所） Carlock & Ward（2010），p.39

❶ コントロール（Control）

ファミリービジネスの戦略・投資を実行する場合に，意思決定は重要な課題です。特にビジネスが成長するに従って，避けて通ることのできない問題です。ファミリービジネスの中で，各メンバーはファミリーとビジネスという２つのシステムの中で，各々違った役割を担うことから，その意思決定はどちらか一方の観点だけでは決められません。例えば，子ども世代が成長し成人となるに従って，次第に彼らもビジネスの意思決定の一翼を担うようになります。

その一方で，ファミリーの頂点に親世代が君臨していると，若い世代はビジネスにおいてCEOや重役などの役割を担っていても，ファミリーの中では，依然として親たちの「下位」に位置づけられ，意思決定に対する世代間対立の緊張関係が生まれがちです。このような時も，ファミリービジネスのトップを担うものは，冷静にファミリーの期待とビジネスのニーズの間でバランスをうまくとるようにコントロールすることが求められるのです。

❷ キャリア（Career）

通常，キャリアの選択は，個々人の判断に委ねられるべきものですが，ファミリービジネスにおける人的資源の投資はとてもデリケートな問題となります。創業間もないファミリービジネスのメンバーは，野心的な創業者のもと，経歴や資格等を問わず，そのファミリービジネスの一員として働くことが多いのですが，ビジネスが成長し専門化すると，個々人の有する資格や業績等が雇い入れの基準となります。ビジネスにおける有効性を考えて，ファミリーメンバーのうち，入社前に十分な教育および他社での就業経験を経てスキルを持ったファミリーメンバーのみを雇い入れるか，あるいは，入社後にその地位に見合ったスキルを身につけるように社内教育を施すかは重要な問題です。

ビジネスに興味を示すファミリーメンバーの数が拡大すると必ずしもファミリーメンバーだからといってファミリービジネスで働けるとは限らないのです。こうなるとファミリーからの期待とビジネスからのニーズに齟齬が生じることとなります。逆にいえば，これは，ファミリーの問題であるとともに，従業員も入社後のファミリーメンバーを注視しています。従業員の期待に沿えないファミリーメンバーが経営を担うようなことになると，事業の継続・承継に大きな影響を与えかねないのです。

❸　文化（Culture）

ファミリーは価値観あるいはある種の感覚のようなものを共有しているのですが，それは企業における組織文化と同様に，ファミリーにおける文化という表現で表すことができるでしょう。例えば，ビジネスファミリーは，各人共通の目標や経験に裏打ちされ，ファミリーの間だけで通じるファミリー言葉（family business language）を共有していることがよくあります。

このファミリー言語は，企業における行動規範のようなもので，共通する経験や言い伝えなどによって形成される価値観の裏付けがあって共有されるものだと考えられます。まさにファミリーの文化を構成する重要な要素といえるでしょう。このファミリー共有の文化・言語を持つことで，ファミリーはビジネスにおける戦略判断・投資決定などの意思決定を迫られた時，選択可能な案の中から，各々共通する文化的／社会的背景や価値観に照らし合わせて，いずれの選択肢が望ましいかを判断することができるのです。

非ファミリービジネスの幹部あるいは株主相互の関係にあてはめて考えてみましょう。例えば，企業の幹部ミーティングで，世界各国から集まった役員が出会った後短時間で互いに成功体験を語り合い，それについて意見を出し合い他者の経験から自らの個人的な問題やビジネス上の課題について有益なヒントを得ることができるでしょうか。あるいは，株主総会に集う人たちで考えれば，株式投資を長期的な所有観点で持つ人と，短期的な売買目的で購入した人が存在します。

幹部ミーティングでも株主総会でも，同じ価値観で企業の経営に関してミーティングを行うことは簡単ではありません。価値観の共有はファミリービジネスでも難しい問題ですが，逆にファミリービジネスならではの文化の共有ができれば競争力につながるのです。経営という面でも所有という面でも，ファミリービジネスの特異性は浮き彫りとなります。すなわち，ファミリービジネスにおける文化の問題は，それが強みとなるケースもあれば，逆効果となることもあるのです。

❹ 資本（Capital）

ファミリービジネスの資本に係る問題は，単純化するとファミリーのニーズを優先すべきか，ビジネスのニーズを優先すべきかとの葛藤です。ファミリービジネスには財務的資本の投資と人的資本の投資という２つの投資判断の側面があります。資本の問題は，事業承継を円滑に行うためにも，早期に手当をしておく問題でしょう。

ビジネスの成功によってもたらされた利益の使い方を決めることは，すべてのファミリービジネスにおいて非常に重要な問題です。例えば，配当もしくは事業への再投資に，利益をそれぞれいくら割り当てるか，あるいは，業績に対し経営陣の貢献に対する報酬をどのように評価するのかという問題もあります。成功によってもたらされた利益を，戦略的に将来のさらなる成長のために再投資に向けるべきであるという考えがある一方で，事業に関係しないファミリーメンバーにとっては，配当を増やして早期に果実を分配してほしいと考えても不思議ではありません。

また，会社の株式の所有の割り振り方や，誰がメインのオーナーになるか，一部の株主が持ち株を売却したいとき，どのように現金を手当てしてその株式を買い戻すかなどは，事業承継のときに深刻な問題となります。これは財務資本の問題であるとともに，誰がマネジメント人材として適当かという人的資本の投資という側面もあります。ファミリーが大きくなり，その考慮すべき対象範囲が広がると，少数株主の持ち分をどのように処分するかという問題に直面するファミリービジネスは多くあります。

❺ つながり（Connection）

ファミリービジネスにおいては，２つのつながりがあります。１つはファミリーメンバー相互のつながりであり，もう1つのつながりは，地域とのつながりです。顔の見える経営者の存在と，比較的長期的な観点で経営が行われるファミリービジネスは，地元産業のなかで築かれる「生態系」の中で重要な役割を果たし，活かされている事例は多くあります[70]。

発展の初期段階では，通常，創業者がファミリーにおいて中心的な役割を担い，家族関係はビジネスを軸にしてつながりが形成されます。ファミリーメンバーはお互いに，創業者との関係およびビジネスを通じて構築された関係によって，それまでとは違う関係性によって結びつきます。そして，後継者と承継する時点では，自らの子ども，兄弟など近い親族のもとで関係性が築かれることとなります。ファミリービジネスが成功している限り，各メンバーは強固で永続的な家族的関係の維持を望みます。逆にいえば，ファミリーの間で強固な関係が築かれていれば，何らかの形でファミリービジネスは継続し続けることができる可能性は高まります。この強固で永続的な関係は，ファミリーに特別な感覚を植え付け，ファミリーを繋ぎ止めるいわば接着剤の役割を果たしてくれるでしょう。

一方でファミリーとビジネスが成長し成熟していくにつれ，ファミリーとビジネスの関係を見極め，スムーズに運ぶための計画をたて，調整することが大事なことになってきます。ビジネスよりもむしろ，家族を繋ぎ止めるいわば接着剤の役割を果たすファミリーのビジネス以外の活動が重要になることはよくあります。このような接着剤の役割を，女性が果たすことが多いというのもファミリービジネスの特徴でしょう。ビジネスを男性が担いながら，ファミリー間の関係を，母親を中心にした女性が担うケースが多いのです。

こうしてファミリービジネスを円滑に運営するために必要なポイントを整理してみると，この重要な5つの問題をファミリー協定（家憲）の中で，どのように整理するのかということが検討課題となります。この時，各ファミリービジネスは5つの問題（5つのC）を**図表4－5**のように，それぞれの問題の特性を踏まえつつ自らのファミリーに即して，詳細を整備し，特有の問題への対処法を明確にすることができればファミリービジネスの運営はスムーズに行われることとなるでしょう。

図表４－５　ファミリーにおける５つのＣとファミリー協定

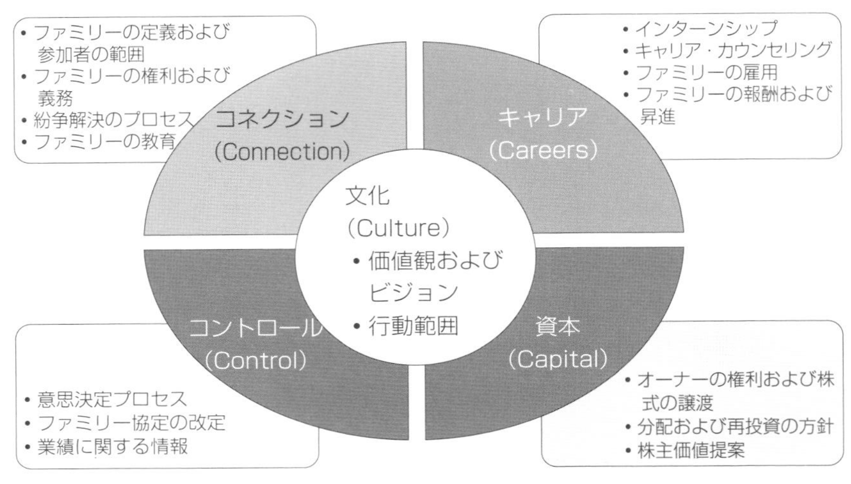

（出所） Carlock & Ward（2010），p.39

そして，ファミリービジネスが成功するには，財務的な意味でファミリーとビジネス双方のニーズの連携がとれていることが必要不可欠です。ファミリーの期待とビジネスの要求が，いつも対立しているとはいいませんが，おカネに関連する「戦略」「投資」という２つのステップはファミリーとビジネスが対立する可能性が高い問題です。ファミリーメンバーは，「価値観」「ビジョン」を共有しても，具体的に「戦略」「投資」のステップになると，ファミリーの目的に基づいて，資金を使うことが必要なことは理解しつつも，自分の利益・不利益を考えてしまうため，ビジネス上の意思決定が十分に理解できないこともあります。このような事態を避けるためにもファミリーガバナンスの仕組みが構築されていることが求められます。仕組みがないと「情報不足」によってビジネスを妨げる原因にもなりかねません。結果として，ビジネスサイドが求める投資などの事業判断がスムーズに進まないことが起こるのです。このような事態を避けるためにも，PPPモデルに基づき，ファミリーとビジネスが情報を共有し，並行的にプランニングを行う体制を構築することが必要不可欠といえるでしょう。

第 5 章

永続的な発展のための
ファミリーオフィス

第1節　ファミリーオフィスとは何か

第4章でPPPモデルを示し，ファミリービジネスの経営改善を進めるために，ビジネスとファミリーのどこに着眼しながら，どのような順序で取り組めばよいのかを示しました。本章では，事業承継の際に有効な財務メリットを獲得するための金融ソリューションを見ることにします。なお，ここで示すスキームは一般的なものなので，個別具体的な事例に当てはめる場合は，専門家のアドバイスを得るようにして頂きたいと思います。

❶ ファミリーオフィスの定義

ファミリーオフィスとは，主に欧米で発達したファミリーガバナンスの形態で，富裕層ファミリーが所有する資産を積極的に形成・保全・管理し，ファミリー内での分配，未来世代への承継やその育成を行うことで，ファミリーの永続的な発展を目的として運営されるもので，一種のプライベートな組織体を指します。

❷ ファミリーオフィスの経緯と現状

もともとは19世紀のアメリカ産業革命を契機に誕生したカーネギー，ロックフェラーなどの大資産家の資産の保全・承継を目的に誕生したもので，米国では既に3,000以上のファミリーオフィスが存在するといわれています。ヨーロッパでもスイス中心にファミリーオフィスが存在しているといわれています。ファミリーオフィスは，これまでは欧米を中心に発展してきましたが，近年では日本でも活用が進んでいます。

これまでの日本の資産管理会社は，主に税務目的での活用に留まっていました。その要因は，他国と比較して高い日本の相続税率にあったといわれています。ただ，最近ではファミリーの世代交代が進み，ビジネスに関与しないファミリーメンバーも増加するなかで，ウェルス（富）を適切にファミリーメンバー間で配分することが求められるようになってきました。この配分を適切に行い，ファミリーのガバナンス体制を強化していくことの重要性が増してきたため，税務目的に留まらないファミリーオフィスの活用を検討するファミリーが増えているのです。

ファミリーオフィスの活用を通じて，ファミリーが世代を超えて永続的に発展していくためには，ビジネスとファミリーそれぞれの領域に及ぶ各論点を認識し戦略的に対応する必要があります。それぞれの観点は，本書でこれまで取り上げてきている内容と重複するものも含まれますが，ファミリーオフィスの円滑な運営に必要な論点として，再度確認していきます。

まず，ビジネス領域における論点の１つ目として，ファミリーの価値観を基礎として中長期的な視点を持ってビジネスを成長させていくことができるビジネスマネジメントが必要です。経営を担うファミリーメンバーがビジネスをマネジメントしていかなくてはいけないのです。２つ目に，ファミリーメンバーが増加すると各メンバーの属性が経営を担うメンバーとそれ以外のメンバーの間で異なることで結束力が薄まることが懸念されますが，持続的なオーナーシップ体制を構築するためには，ビジネスに対する議決権行使およびオーナーシップの承継がスムーズに行われるような体制づくりが重要です。最後に，後継者育成の観点からは，世代を重ねるごとにファミリーメンバーの数が増加する中で，優秀な次世代経営メンバーを計画的に育成し，後継者に選定していくことが，ビジネスの発展のために不可欠です。

図表５－１　ファミリービジネスにおけるビジネス領域の主要論点

ビジネス マネジメント	ファミリーメンバーが適切にビジネスをマネジメントし，ビジネスを成長させること
持続的な オーナーシップ体制	ファミリーとして，ビジネスへの議決権行使を適切に行っていくこと
後継者育成	次世代の経営メンバーを計画的に育成し選定すること

（出所）　デロイトトーマツ税理士法人作成資料より。

ファミリー領域の主要論点の１つ目は，リスク分散です。ファミリーを取り巻くリスクの中で最も影響が大きいものは，ビジネスリスクです。ビジネス上の資産とファミリー財産について，適切なリスク分散が図れていない場合，ビジネスの業況が悪化するとファミリー財産も減少してしまいます。倒産するようなケースでは，ファミリーの財産が失われ，ファミリーが途絶えてしまうことにも繋がります。ファミリー財産の保全のためには，経済状況，各種規制，政治外交問題といったカントリーリスクを踏まえて，保管場所を工夫することもファミリーの永続性の観点から重要となります。

２つ目の論点はファミリー財産の形成です。言うまでもなく，ファミリーの富の源泉はビジネスであり，ファミリー財産の構成はビジネス資産（自社株式）に偏る傾向となります。よって，リスク分散を図りつつ，ファミリーの事情に応じた柔軟な資金活用と財産承継を行うために，バランスの取れた財産構成を考えなくてはいけません。

図表５－２　ファミリービジネスにおけるファミリー領域の主要論点

リスク分散	ファミリーの永続性を踏まえて各種リスク分散を図ること
ファミリー 財産の形成	ビジネスとノンビジネスのバランスの取れた財産形成と次世代へ財産を安定的に承継すること
地域社会，関連業界 等への貢献	地域社会，関連業界へのファミリー財産の還元を通じて，ファミリーとコミュニティとの中長期的なリレーションを強化すること

（出所）　デロイトトーマツ税理士法人作成資料より。

最後に公益性の観点です。ファミリーの財産の一部を公益活動，社会貢献活動を通じて地域社会等へ還元することで，ファミリーが地域社会や関連業界との中長期的に良好な関係を築くことができ，それがファミリーの無形の財産となっていくのです。

ビジネスおよびファミリー，それぞれの観点をみると，ファミリービジネスが永続的に発展していくために，ビジネスおよびファミリーのどちらの領域における論点も満たしていく必要があることがわかります。どれ１つとってもおろそかにできるものはないのです。ファミリーの富の源泉は，もちろんビジネスにあります。その富（ウェルス）をファミリー内外にバランス良く分配し，形成し，活用し，承継していくことがファミリービジネスの永続的な発展のために不可欠となります。そのファミリーの富の「分配，形成，活用，承継」の効果的な仕組みとして，ファミリーオフィスが活用されることとなるのです。

❸　ファミリーオフィスの機能

ファミリーオフィスには，①ビジネスマネジメント，②プライベートインベストメント，③プライベートアセット，④フィランソロピーの４つの機能があります。具体的には，この４つの機能を個々のファミリーの状況に応じて，複合的に活用していくことになります。それぞれの機能を見てみましょう。

まず，ビジネスマネジメントは，ファミリーオフィスを通じたビジネスへのオーナーシップにより，ファミリー全体としてビジネスに対して適切な議決権行使が行える体制を構築することが可能となります。また，ファミリー目線でのビジネスへのモニタリングやビジネスへの提言を実施することで，ファミリー目線でのビジネス価値の向上を実現します。

次に，プライベートインベストメントは，本業ビジネス以外の投資により，ファミリー財産のポートフォリオバランスを実現します。本業以外の投資とは，主に，金融，不動産，本業以外のビジネス投資（M&A，スタートアップ）などが考えられます。本業ビジネス以外の財産を保有することでファミリーのリスク分散を図り，ファミリー固有の財産形成を行うことで，ファミリーの状況に応じた柔軟な資金活用が可能となります。

３つめのプライベートアセットでは，長年大切にしてきたファミリー固有の財産（例えば美術品等の収集品）の管理活用をファミリーオフィスが行うことで，属人的ではない確実な管理活用を行うことができます。また，ファミリーの中での金融機能として，ファミリーオフィスからファミリーへの資金拠出を行い後継者の育成に役立てるなど，ファミリーの状況に応じた資金活用を行うことが可能です。

最後にフィランソロピーに関していえば，ファミリーオフィスの財産を公益活動として地域社会や関連業界へ還元することでコミュニティとの関係性を強化します。ファミリー固有の財産を活用することでの公益財団法人の安定運営を実現し，かつ，税務上の恩典を活用することで，オーナーシップの安定承継にも寄与することが可能です。

図表５－３　ファミリーオフィスの４つの機能

ファミリーオフィス

	ビジネスマネジメント	プライベートインベストメント	プライベートアセット	フィランソロピー
内容	•オーナー家のビジネスへの適切な関与 •ガバナンス	•金融資産（アクティブ，パッシブ） •不動産ポートフォリオ •M&A，スタートアップ	•ファミリー共有財産管理 •プライベート（趣味など）に係る財産管理 •子弟・孫のための教育ファンド管理	•社会貢献活動 •公益財団運営
効果	➢ファミリー目線でのビジネス価値の最大化 ➢ビジネスに対する適切な統制機能の構築	➢財産リスクの多角化 ➢財産ポートフォリオの最適化 ➢納税資金の確保	➢ファミリー固有財産の保全，安定承継 ➢子弟・孫の教育（学校教育を中心に）	➢コミュニティーとの関係 ➢公益財団の安定運営 ➢オーナーシップの安定的な承継

（出所）　デロイトトーマツ税理士法人作成資料より。

こうしてみると，ファミリーオフィスを活用することにより，本業ビジネスを源泉とするファミリーの富（ウェルス）をファミリーに効果的に還元し，配分，形成，承継を通じて，ファミリーの持続的成長の基盤をつくることができることがわかります。また，ファミリーメンバーの属性に応じて，それぞれにメンバーの事情や志向に応じて柔軟に富（ウェルス）を配分することで，ファミリーのガバナンス体制を強化することにもつながります。

第２節　資産管理会社を活用した事業承継

これまで，日本においてファミリーオフィス的に活用されてきたのが資産管理会社です。実際のところ日本の企業オーナーが保有する資産の多くは自社株式であり，オーナーの相続発生により，自社株式の分散，納税資金の調達のための資金化が課題となってきました。そのための対策として，事業会社とは別に，オーナーもしくは家族が出資して設立する会社が活用されてきたのです。

図表５－４　事業会社・オーナー（ご家族）・資産管理会社の関係

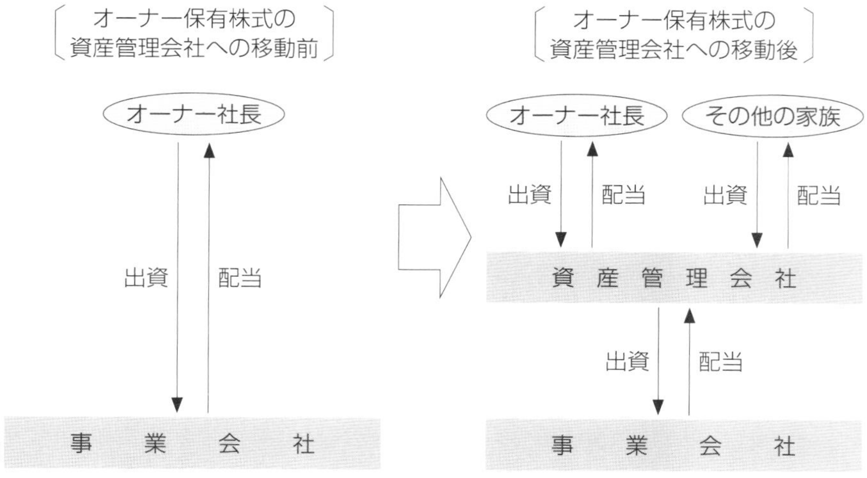

（出所）三井住友信託銀行ウェルス・マネジメント部作成。

この会社の主な資産は，元は個人が保有していた資産（自社株式，不動産等）です。第1節でみたファミリーオフィスの機能の1つであるプライベートアセット管理に重点を置いた存在として，一般的には資産管理会社，もしくは財産管理会社と称されることが多いようです（**図表5－4**）。

本章では，オーナーが保有していた自社株式を管理する会社を資産管理会社と称した上で，事業承継手法として，この資産管理会社の活用により期待されるポイント，留意点等について概観します。

1．資産管理会社の活用で期待されるポイント

事業承継手法として，資産管理会社の活用で期待されるポイントを，①オーナー個人のフロー対策，家族の財産形成対策，②オーナーが保有する財産の評価対策，③議決権の分散回避対策，名義の一本化対策の，3つの観点から整理します。

❶　オーナー個人のフロー対策，家族の財産形成対策

オーナー個人のフロー対策，家族の財産形成対策でのポイントをさらに3つに分けて整理します。第1は，個人・法人の税率差を活用できることです。個人の所得税率は7段階の超過累進税率で構成されています。一方で，法人税率は基本的に一律ベースとなっています。そのことから，課税所得額が一般的に多額になる企業オーナーは，資産管理会社に所得を分散することにより，超過累進税率の上昇を抑制させることが期待できます。すなわち，相応に所得の多い個人が収益不動産等の取得を検討する場合，個人でなく資産管理会社で取得するほうが，実効税率は低くなる可能性があるといえます。また，実効税率が低くなる分，個人および資産管理会社合算ベースでは手残りが多くなり，資産管理会社で自社株式を追加取得するなどの活用が検討できます。

2019年の時点では，おおよその試算ではありますが，個人の所得が1,200万円を超過する場合，個人の税率（所得税＋住民税）が法人の実効税率を上回ります[71]（**図表5－5**）。

図表５－５　個人の所得税率・法人の法人税実効税率の比較

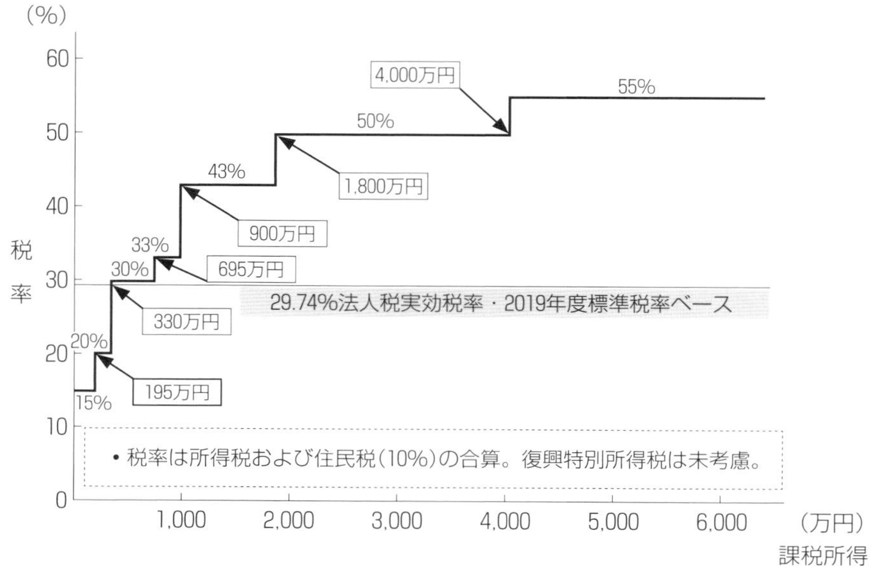

（出所）　三井住友信託銀行ウェルス・マネジメント部作成。

第２に，**図表５－６**に示したように個人・法人それぞれが受け取る株式配当金に係る課税負担には違いがあります。この違いに着目することで，個人・法人合計での税引き後受取配当を増やすことが期待できる場合があります。

個人が受け取る株式配当金については，非上場株式の場合は原則として総合課税扱いとなりますが，上場株式の場合は発行済株式総数３％を境にした２段階の課税方式になっています。また，法人が受け取る株式配当金については，４段階の課税方式になっています。

その効果について**図表５－７**で具体的に数字を使って試算してみましょう。オーナー個人が80万株出資する上場会社（発行済株式総数200万株）があるとします。オーナーの持株比率は40％のため，受取配当に係る税金負担は総合課

図表５－６　個人・法人の受取配当金に係る課税負担の違い

個人	〈２段階の課税方式（上場株式の場合／非上場株式の場合は原則として総合課税扱い）〉 ①発行済株式総数の３％以上保有　→　他の所得と合算した総合課税（最高実効税率48.6％　※１） ②発行済株式総数の３％未満保有　→　申告不要（税率20％　※２）適用可能 ※１　配当控除後。復興特別所得税は未考慮 ※２　復興特別所得税は未考慮
法人	〈４段階の課税方式〉 ①発行済株式総数（自己株式除く）の100％保有 →　益金不算入割合100％（負債利子控除なし） ②発行済株式総数（自己株式除く）の３分の１超保有 →　益金不算入割合100％（負債利子控除あり） ③発行済株式総数（自己株式除く）の５％超保有 →　益金不算入割合50％（負債利子控除なし） ④発行済株式総数（自己株式除く）の５％以下保有 →　益金不算入割合20％（負債利子控除なし）

（出所）　三井住友信託銀行ウェルス・マネジメント部作成。

税（48.6％と仮置き）が基準となります。１株当たり配当金が20円の場合，税引き前の受取配当金額は1,600万円，税金負担は777.6万円，税引き後の受取配当金額は822.4万円となります。このオーナーが資産管理会社を設立し，資産管理会社に75万株を移動する場合，オーナーの持株比率は2.5％に減少し，申告不要（税率20％（復興特別所得税は未考慮））の対象となります。また，資産管理会社の持株比率（自己株式除く）は35.0％と３分の１超となるため，受取配当に係る益金不算入割合は100％となります。これらの課税負担の変動により，個人・法人合算ベースでの税引き後受取配当は1,580万円となり，株式移動の結果，年間757.6万円の税引後受取配当が増加することになります。個人から資産管理会社への株式移動に伴い，個人には所得税負担が生じますが，

図表5－7　オーナー個人から資産管理会社に株式移動する場合の効果

発行済株式総数	2,000,000株
移動株式数	750,000株

…自己株式を除く

〈移動前〉

株主	持株数（株）	保有割合（発行済）	1株当たり配当金（円）	配当金額	益金不算入	税金	手残り金額	
オーナー	800,000	40.00%	20	16,000		7,776	8,224	…①
					実効税率	48.6%		

※オーナーは総合課税（実効税率48.6%（復興特別所得税は未考慮））の前提

〈移動後〉

株主	持株数（株）	保有割合（発行済）	1株当たり配当金（円）	配当金額	益金不算入	税金	手残り金額	
オーナー	50,000	2.50%	20	1,000		200	800	
資産管理会社	750,000	37.50%	20	15,000	15,000	0	15,000	
合計	800,000	40.00%		16,000	15,000	200	15,800	…②
					実効税率	1.3%		

※オーナーは申告不要（税率20%（復興特別所得税は未考慮））の前提
※資産管理会社は益金不算入割合100%，実効税率30%，控除負債利子ゼロの前提

株式移転による手残り差額（年間）	7,576	…②－①

（出所）　三井住友信託銀行ウェルス・マネジメント部作成。

株式移動により見込まれる手残りの増加額の数年分で吸収できる程度であれば，株式移動を現実的に検討する価値があるでしょう。

第3に，家族を資産管理会社の役員にして，所得を分散させることが考えられます。オーナー個人から家族に資金を渡す場合，贈与であれば贈与税（最高税率55%）の負担が生じます。家族を資産管理会社の役員にすることで，給与所得控除の適用を受けることもできます。役員になる家族が多いほど，所得の分散につながります（**図表5－8**）。

図表５－８　資産管理会社からオーナー家族に役員報酬を支払う資金の流れ

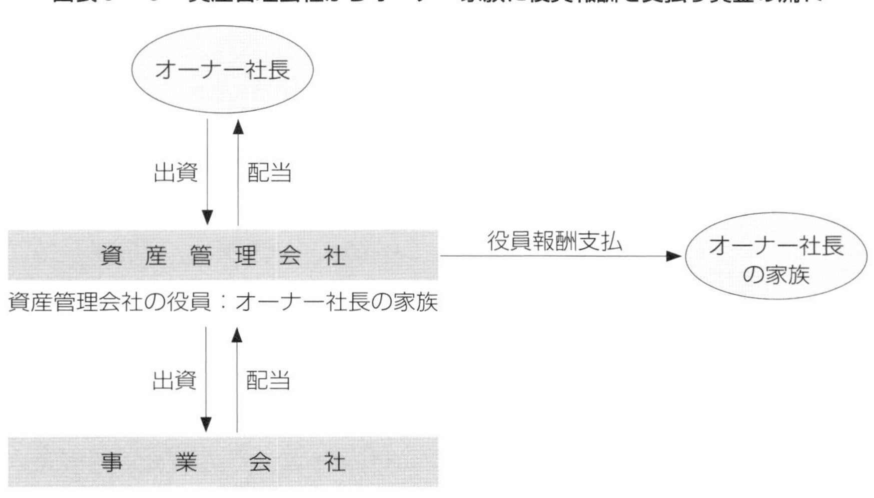

（出所）　三井住友信託銀行ウェルス・マネジメント部作成。

❷　オーナー個人の財産評価対策

次にオーナー個人の財産評価対策についてみていきます。こちらについてもポイントを，さらに３つに分けて整理します。第１に，オーナーが所有していた株式を移動して設立した資産管理会社を純資産価額方式で評価する際，含み益の37％を控除できます。資産管理会社の主な資産（総資産に占める割合が50％以上の資産）が自社株式とすると，この資産管理会社は株式等保有特定会社に該当します。その株価は原則として純資産価額方式で算出します。

株式のみを保有する資産管理会社として，例えば，当該株式の株価が100から200に上昇する場合，資産管理会社の株価（純資産価額方式）は，株式の時価200から37（含み益100（＝200－100）の37％）を控除した163となります。一方で，個人が保有している株式の株価が100から200に上昇する場合，その株価は当然ながら200になります。なお，当該株式の株価が下落する場合は，個人，法人のいずれも同様に価値は下落します（**図表５－９**）。

図表５－９　株式の個人保有／法人保有の評価の違い

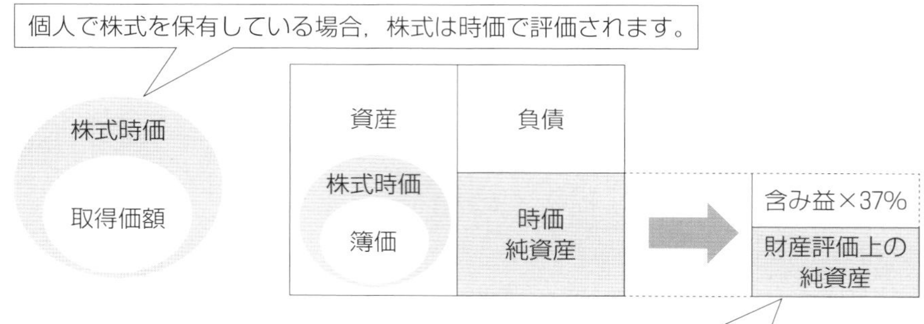

（出所）　三井住友信託銀行ウェルス・マネジメント部作成。

第２に，資産管理会社の総資産に占める株式等の割合を50％未満にすると，株式等保有特定会社ではなくなり，その株価評価にあたり，純資産価額と類似業種比準価額を併用することができるようになります。併用の割合は，資産管

図表５－10　純資産価額と類似業種比準価額の併用方式

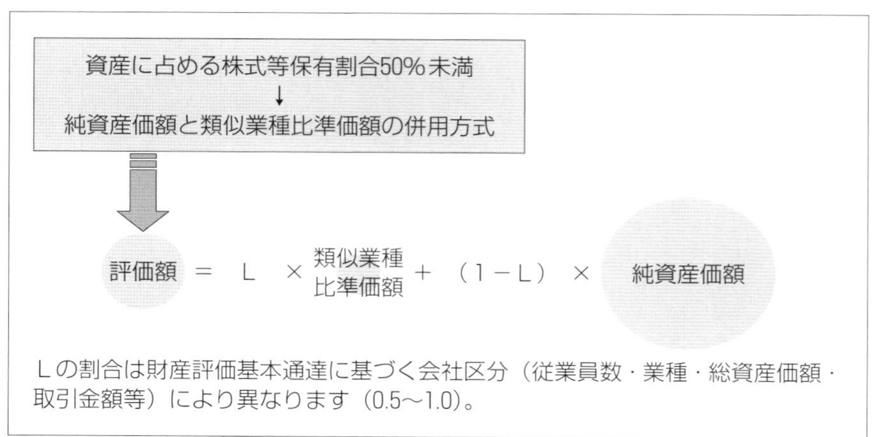

（出所）　三井住友信託銀行ウェルス・マネジメント部作成。

理会社の年商，総資産額，従業員数によって異なりますが，その状況次第では，純資産価額は考慮せずに類似業種比準価額のみによって株価評価できるようになります。一般的には，類似業種比準価額は純資産価額よりも小さい値になるので，その分，財産評価の圧縮につながることが期待されます（**図表５-10**）。

第３に，資産管理会社が事業会社株式を保有するにあたり，オーナー個人による出資金を元手にするのでなく，資産管理会社へはオーナー以外の家族が出資し，株式取得資金をオーナーが貸し出すこともできます（**図表５-11**）。この場合，オーナーの保有する資産は貸付金となり，その結果，オーナーの財産評価の固定化が図れるようになります。この財産評価の固定化は，会社株価が上昇する場合には効果が期待できます。会社株価の上昇の影響は出資者である家族が享受することができます。ただし，株価が下落する場合には，家族の財産評価は下落する一方で，オーナー個人の財産評価は固定化により高止まりする

図表５－11　オーナー・オーナー以外の家族による出資状況による比較

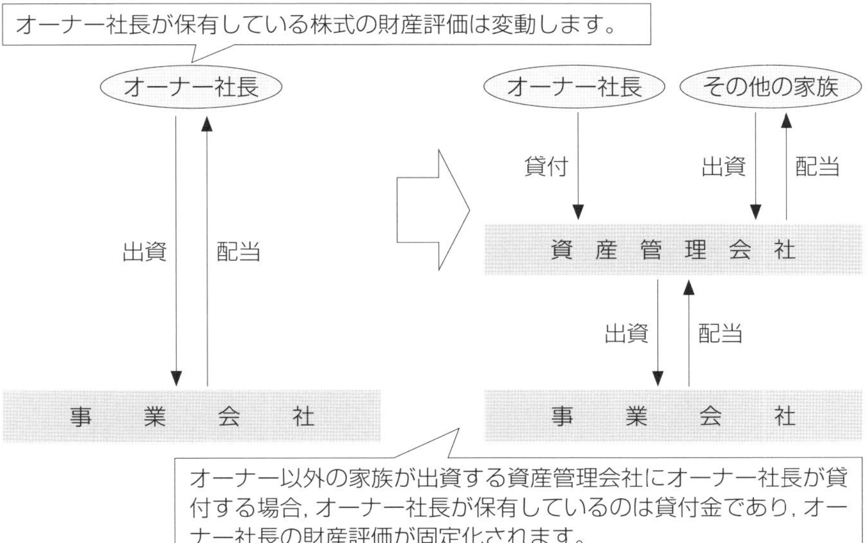

（出所）　三井住友信託銀行ウェルス・マネジメント部作成。

ことに留意する必要があります。

❸　議決権の分散回避対策

議決権の分散回避対策におけるポイントについても，さらに3つに分けて整理します。第1は，資産管理会社を経由して事業会社株式を保有する場合，事業会社の議決権は分散しません。個人で事業会社株式を保有する場合は，相続，それに伴う遺産分割に伴い，事業会社株式も分散する可能性が高くなりますが，会社が事業会社の株式を保有する場合は，その事業会社株式の分散を気にする必要は少なくなります（**図表5-12**）。

図表5－12　資産管理会社の有無による議決権の分散の違い

【資産管理会社がない場合】

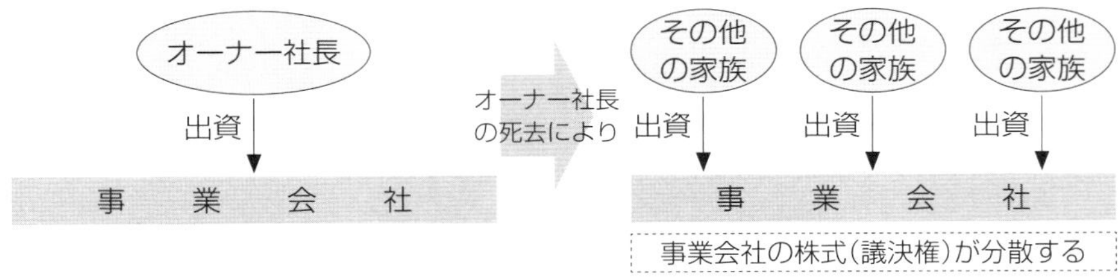

【資産管理会社がある場合】

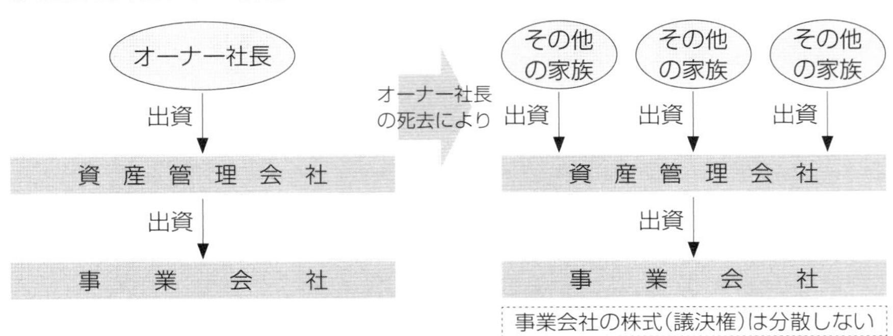

（出所）　三井住友信託銀行ウェルス・マネジメント部作成。

第２は，種類株式の活用です。事業会社オーナーが保有する資産管理会社株式は分散しますが，資産管理会社の過半数の議決権を確保していれば，資産管理会社の普通決議に対応でき，事業会社株式の議決権を行使できます。資産管理会社の議決権を分散させない手法として，資産管理会社での種類株式の活用が考えられます。例えば，**図表５-13**のように種類株式として議決権あり株式と議決権なし株式を導入します。その上で，後継者には議決権あり株式を，それ以外の家族には議決権なし株式を承継することが考えられます[72]。この場合，議決権なし株式の承継により財産権は家族に分散するが，議決権あり株式をオーナーから後継者に承継させることで，議決権を集中させることができます。

図表５－13　資産管理会社で種類株式を活用する場合のイメージ

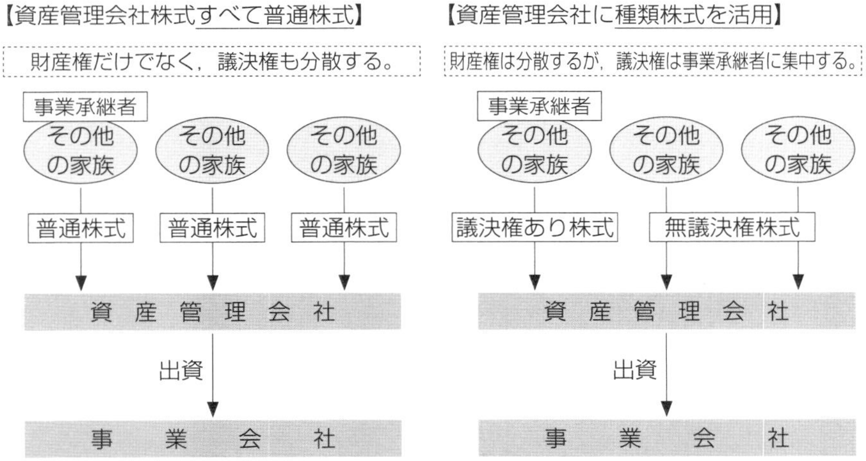

（出所）　三井住友信託銀行ウェルス・マネジメント部作成。

最後に，名義を一本化する効果を挙げます。オーナーおよびその家族が保有する事業会社株式は将来的には相続等により分散を免れません。元は１名のオーナーが筆頭株主でいたとしても，オーナーの相続により，家族に株式が分散してしまいます。しかし，**図表５-14**に示したようにオーナーが保有する事業会社株式を資産管理会社に集約すると，事業法人の株主は資産管理会社になり，それにより，名義の一本化が実現できます。資産管理会社名義に一本化されることで，オーナーの死後も多くの株式を創業家で保有していることを明示しつつ，経営に関与しない家族株主を「大株主の状況」に記載しなくても済むメリットも期待できます。

図表5－14　資産管理会社の名義一本化効果のイメージ

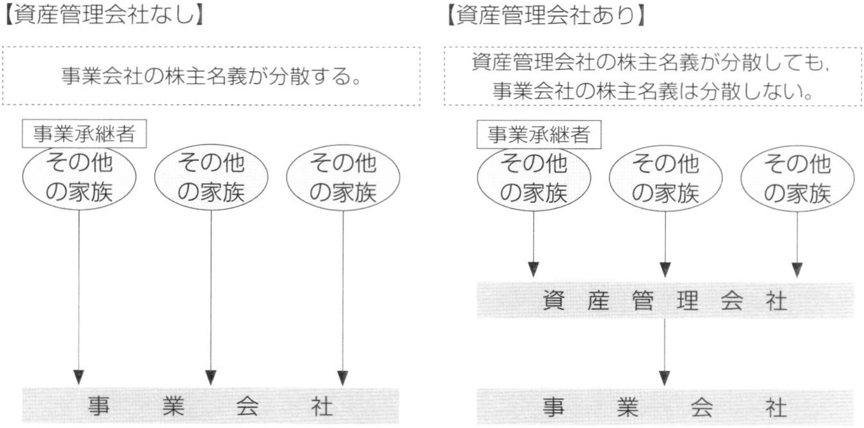

（出所）　三井住友信託銀行ウェルス・マネジメント部作成。

2.　資産管理会社の活用における留意点

事業会社が上場会社の場合，上場会社の親会社に関する事項は原則として開示の対象になっていることに留意する必要があります。なお，当該親会社が実態のない，個人的な持株会社であるような場合には，開示の対象としないことが妥当と考えられる場合があります。上場会社においては，事業会社と資産管理会社との間で取引関係等がある場合，関係当事者取引を開示する必要もあります。そのため，資産管理会社の業務等については，事前に公認会計士等の専門家と協議しておくことが望ましいといえます（**図表5－15**）。

図表5－15　上場会社の資産管理会社の設立における留意点

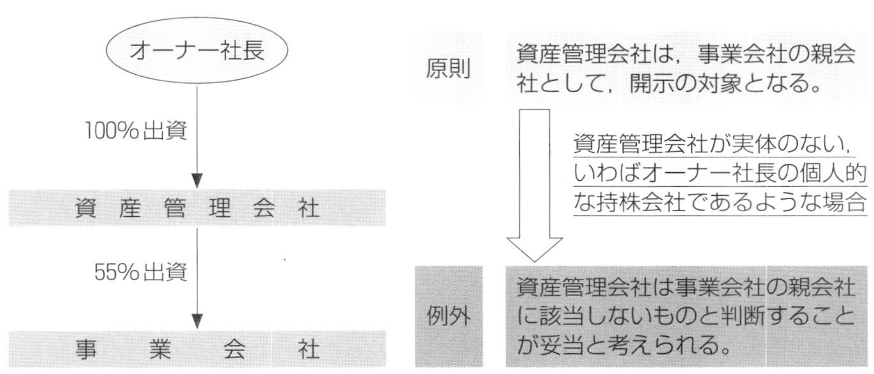

（出所）「連結財務諸表における子会社の範囲の決定におけるQ&A」（日本公認会計士協会）を基に三井住友信託銀行ウェルス・マネジメント部作成。

図表5－16　公開前規制について

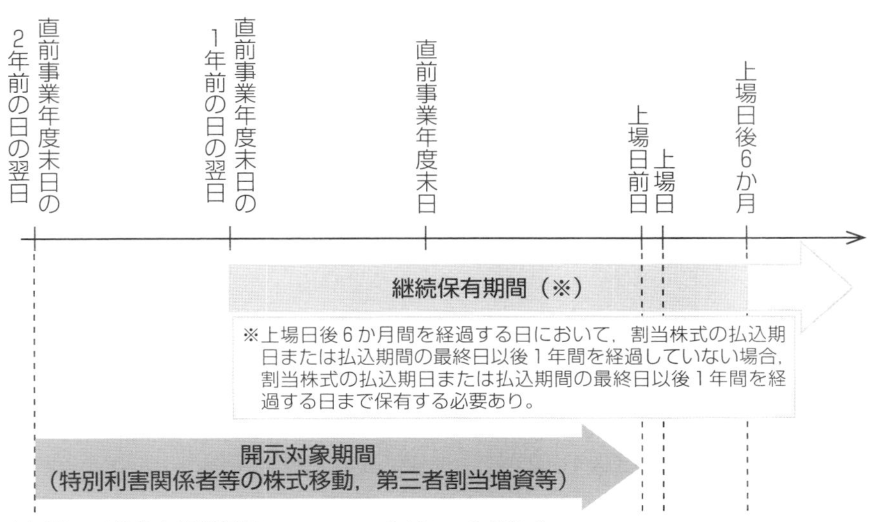

（出所）三井住友信託銀行ウェルス・マネジメント部作成。

また，上場前の株式移動については，上場予定会社の役員など会社と特別の関係にある者が，上場前に株式を取得し，上場後に売却することで短期的に利益を得ることを排除するために，**図表5-16**の通り継続保有期間，開示対象期間といった一定の規制があります。株式移動の検討にあたって留意する必要があります。

第3節　ファミリーオフィスの活用事例

ファミリービジネスの永続的発展を支える仕組みとしてのファミリーオフィスの活用について，具体的事例を交えて紹介します。ファミリーオフィスの活用は，ファミリーおよびそのビジネスの状況や抱える課題に応じて，カスタムメイドで検討する必要があります。また，その活用もファミリーに応じてさまざまです。ここからは，ファミリーオフィスの活用のエッセンスを具体的に理解するために，ファミリーオフィスの代表的な活用事例を4つ紹介します。

事例1　後継者への経営承継資金としての活用事例

最初の事例は，後継者が円滑に自社株式を承継可能な体制を，ファミリーオフィスの活用により実現した事例です。

《ファミリーおよびビジネスの概要》

A社は創業100年を超える食品製造業を営む非上場会社で，現社長は3代目です。業績は堅調で毎期安定した配当を実施しています。後継者の長男が数年後に社長に就任する予定で，長男の社長就任と並行して社長から長男への自社株式の承継を予定しています。

経営を担うファミリー（社長および長男）で70%のオーナーシップを持っている状況です。後継者は既に35%の株式を保有していますが，社長の先代からの相続，贈与により取得したものです。その他親族持分の30％は，経営に関与しない同族関係者10数名分を合計したものです。

社長および長男とその他親族との関係は良好で会社運営についても賛同を得ています。ただ，世代が進む毎に各ファミリー内で株式の分散が進んでおり，長男世代（第４世代）では，数年に一度の冠婚葬祭行事でしか顔を合わせないメンバーもいる状況です。

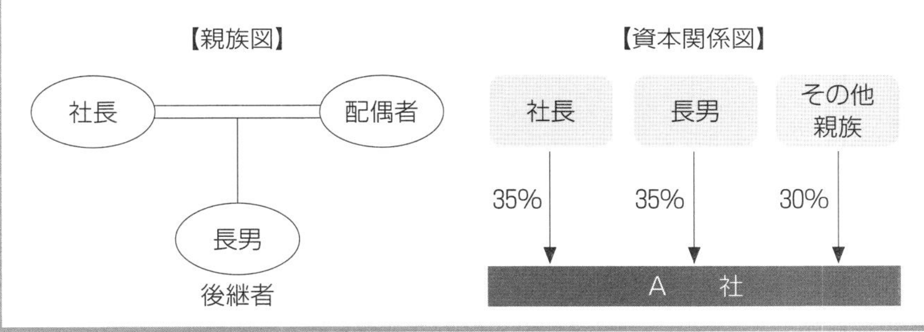

❶ 課　　題

数年後の長男への株式承継を見据えると，株式承継に係る納税資金の確保が大きな課題として想定されます。本業ビジネスにかなりの利益が蓄積されており，自社株式の価値が高く，後継者への株式承継に係る税負担も多額になることが想定されます。

ファミリー全体の財産構成も自社株式であり，株式承継に係る納税資金に見合う換金性のある財産は不足しています。株式承継に係る納税資金は，本業ビジネスの資金を長男がＡ社の資金調達力を活用して調達することが想定されますが，効率的に長男へ資金を還流できる体制ができていません。将来的に社長の相続時に納税資金に充てるため，社長から相続により取得した株式を自社に買い取らせる場合，経営を担う長男の議決権の減少につながり安定経営に支障が出る懸念があります。

❷ ファミリーオフィスの活用

長男の資金活用のためのファミリーオフィスを創設し，本業ビジネスからの資金をファミリーオフィスに還流し，長男固有の財産形成と活用を行える体制を構築しビジネスの資金を活用した納税資金確保体制を目指します。長男のファミリーオフィスを設立し，本業ビジネスから効率的にファミリーオフィスに資金を還流できる体制をつくります。ファミリーオフィスに還流された資金を基に，本業ビジネスとは切り離された長男固有の財産形成を行える体制をつくり，社長からの株式承継に係る納税資金は，長男がファミリーオフィスで形成した資金を基に調達します。

図表５－17　Ａ社のストラクチャーイメージ

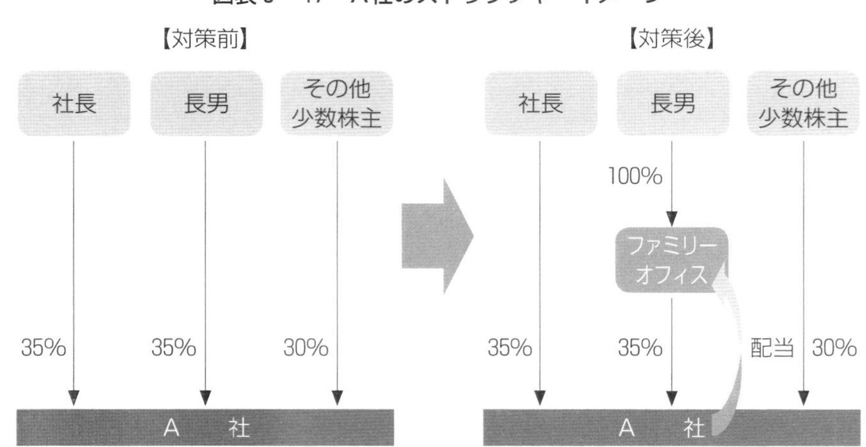

（出所）　デロイトトーマツ税理士法人作成資料より。

❸ 長男への効率的な資金還流および資金活用体制の実現

従来から長男は，Ａ社株式を直接保有していたため，Ａ社株式からの配当については，最高で55.945％の所得税の負担となっており，長男個人への資金還流に係る実効税率が高い状態にありましたが，対策後は長男の保有株式をファミリーオフィスの株式に転換することで，Ａ社からの配当をファミリーオフィスに蓄積をし（ファミリーオフィスから長男への配当は実施しない），社長からの株式承継の局面で，長男が承継されたＡ社株式をファミリーオフィスへ売却することで，20.315％の比較的低い実効税率で，ファミリーオフィスに蓄積された資金を，納税資金として長男個人に還流することが可能となりました。

解説　法人の受取配当金の益金不算入制度

法人税では，持株割合に応じて，法人の受取配当に対して法人税が課税されない額（益金不算入額）が以下の通り定められています。資金還流の効率性の観点からは，持株割合が重要となります。

図表５－18　法人の受取配当の益金不算入割合

以下の持株割合に応じて，法人税等の課税対象外（益金不算入）となる金額を算出

持株割合	益金不算入額
100%	全額
1/3超100%未満	受取配当額－負債利子控除額
５%超1/3以下	受取配当額×50%
５%以下	受取配当額×20%

（出所）　デロイトトーマツ税理士法人作成資料より。

解説　個人の所得区分に応じた実効税率

個人の所得税率は，所得の区分に応じて異なることとなります。

主な所得区分に係る所得税率は以下の通りです。

どの方法により資金調達を行うかが，効率的な資金形成，納税資金対策の観点から重要となります。

図表5－19　個人の所得税率

	施　策	内　容	全体での税負担（実効税率）
1	配当	株主としての地位を有する法人から資金還流 ※他の株主へも資金還流される点に留意	最高で55.945%
2	役員報酬	役員となっている法人から資金還流	最高で55.945% ＋ 損金算入による法人税軽減
3	退職金	生前中または死亡時に役員となっている法人から資金還流	最高で55.945% ＋ 退職所得控除あり 退職所得の1/2が課税対象 損金算入による法人税軽減
4	株式譲渡 （自己株式取得①：生前中）	生前中に，保有する株式を発行法人へ譲渡し，現金化する	最高で 55.945%
5	株式譲渡 （自己株式取得②：相続後）	相続発生後3年10ヶ月以内に，相続人が相続した株式を発行法人へ譲渡し，現金化する	20.315%
6	株式譲渡 （自己株式取得以外）	保有する株式を発行法人以外へ譲渡し，現金化する	20.315%
7	不動産譲渡	個人で保有している不動産を資産管理会社または事業会社へ譲渡し，現金化する	（譲渡益がある場合） 短期譲渡所得：39.63% 長期譲渡所得：20.315% ※所有期間5年超で長期譲渡所得

（出所）デロイトトーマツ税理士法人作成資料より。

❹　議決権を維持が可能な株式承継体制の構築

ファミリーオフィスへの資金還流により，議決権を減少させずに株式承継を実施可能となりました。もともと長男は，社長からのA社の株式承継に係る納税資金をA社への金庫株で調達することは可能でした。しかし，金庫株を実施すると，長男の議決権は低下し，その結果，過半数の議決権を確保できない懸念がありました。

対策後は，長男が100%オーナーのファミリーオフィスへA社株式を売却し，納税資金調達を行うことが可能な体制となり，株式承継に係る議決権低下が生じないこととなりました。

解説　議決権割合に応じた株主の権利

株主の権利は会社法に定められており，特に重要な事項は，株主総会における普通決議（議決権比率50％超）と特別決議（議決権比率３分の２以上）です。普通決議は，取締役の選任および解任，配当決議など経営に関する普遍的な決議事項です。特別決議は，定款変更，合併等の組織再編などの経営に関する重要な決議事項です。

ファミリービジネスにおいては，経営を担うファミリーメンバーを中心として，議決権割合３分の２以上（最低でも50％超）を保有することが，安定経営のための一般的な目安と考えられています。

図表５－20　会社法に定められる株主の権利

議決権割合等	権利内容等	議決権分散によるリスク
株主であること	• 役員等の責任追及の代表訴訟提起権 • 株主総会の決議不存在または無効確認の訴え • 反対株主の株式買取請求権等	少数株主等（親族も含む）に株式買取請求権を行使されることによる多額の資金流出リスクがあります。 また，株主の権利を濫用されることによって対応に多大な労力を伴う可能性があり，本業に悪影響を及ぼす可能性があります。
１％以上	• 株主提案権等	
３％以上	• 帳簿の閲覧請求権，役員解任請求権等	
10％以上	• 会社解散請求権等	
３分の１超	株主総会特別決議の拒否権	経営者が３分の１超を保有していない場合，特別決議の拒否権がないためオーナーの反対勢力が結託する場合には，会社を乗っ取られるリスクがあります。
50％超	株主総会普通決議の決定権 • 取締役の選任及び解任，監査役の選任 • 配当決議 • 自己株式の取得（特定の株主からの取得を除く）等	経営者が50％超を保有していない場合，普通決議の拒否権がないため，取締役から解任されるリスク等があります。
３分の２以上	株主総会特別決議の決定権 • 定款変更，監査役の解任 • 解散，清算 • 重要な組織再編（合併，会社分割，株式交換，株式移転） • 特定の株主からの自己株式の取得等	経営者が３分の２以上を保有していない場合，特別決議が成立しない（重要事項を決定できない）ため機動的な経営に支障をきたす可能性があります。

（出所）　デロイトトーマツ税理士法人作成資料より。

事例２　ファミリーオフィス新設によるガバナンス強化

《ファミリーおよびビジネスの概要》

機械設備製造業を営むＢ社は創業35年，創業以来順調に利益を蓄積し，仕事一本で駆け抜けた創業社長も65歳となりました。妻は数年前に先立ち後継者である息子と２人の娘がいます。ある日，税理士から示された相続税の試算に驚愕することになります。現時点の自社株の評価は約100億円となり，万一相続が発生すると50億円以上の相続税がかかるとのことです。相続税を納税するためには会社で蓄積した利益をほとんど吐き出すことになります。また，二人の娘も問題です。会社経営に一定の理解はあるものの，社長がいなくなったあとに母親のいない中，兄弟３人で100億円の財産をめぐって争いにでもなると，週刊誌が面白おかしく書きたて，会社の信用は一瞬で地に堕ちる可能性があります。

（親族図）

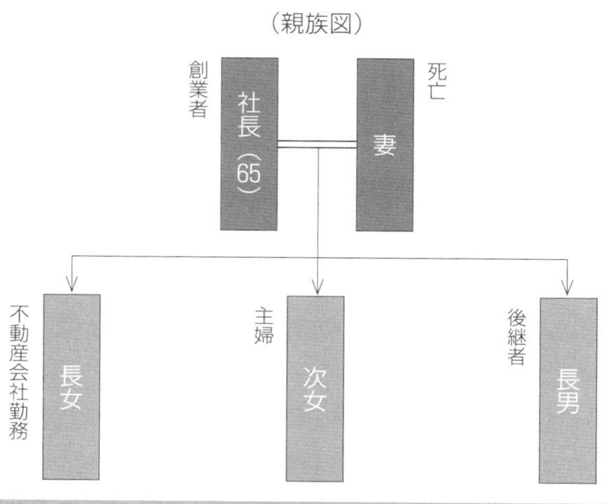

❶ 課　　題

社長にはこれといった趣味はなく仕事がすべてという方ですので財産の大半は自社株式となっており，その他は自宅と預貯金といった状態です。個人で納税できる資金はなく，会社から多額の資金流出が見込まれることになります。

また，後継者１人に株式を集約させると，他の相続人の遺留分が侵害され，争いになる可能性があります。仮に遺留分侵害請求によって後継者から他の相続人へ弁償すると更なる資金流出が見込まれることになります。お家騒動により会社のレピュテーション（名声）が低下し，ビジネスに悪影響を及ぼす可能性があります。

図表５－21　Ｂ社の当初の財産ポートフォリオ

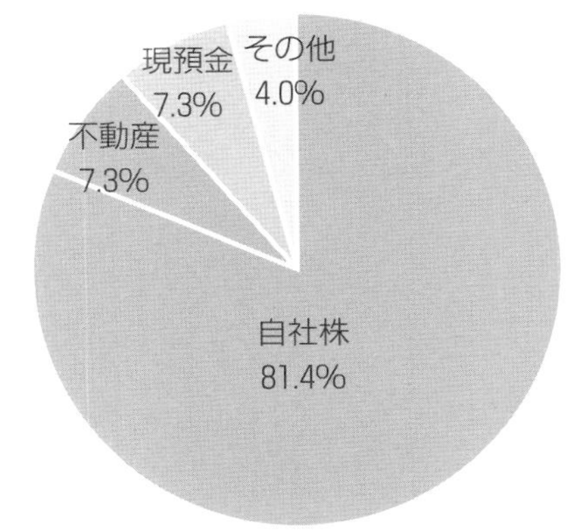

（出所）　デロイトトーマツ税理士法人作成資料より。

❷ ファミリーオフィスの活用

このようにファミリーのリスクにビジネスが影響を受けるとともに，ビジネスのリスクも全面的にファミリーで負うことになります。このような問題に対してファミリーとビジネスのリスクを相互に遮断し，ファミリー独自のウェルスを形成する手段としてファミリーオフィスを活用することが考えられます。ポイントはビジネスで蓄積された財産の一部を切り離し，ファミリー独自のアセットを形成すること。更に非後継者に一定の財産を残すことで争いを未然に防止することにつながるといった点です。

(a)　ファミリーオフィスによりビジネスから切り離した財産形成を行い，ビジネスとファミリーのリスクを相互に遮断

財産の大半が自社株である場合，納税資金が不足しビジネスに必要な資金が流出します。一方，ビジネスの価値が低下すると，ファミリーの財産も同様に低下してしまい，相互にリスクを抱えている状態といえます。ファミリーオフィスを活用することで，ビジネスから切り離された財産を形成し，ビジネスとファミリーのリスクを相互に遮断することが可能となります。

ビジネスで蓄積した利益の一部をファミリー固有の資産に切り離す手法の1つとして会社分割という制度を活用することができます。

図表5－22　B社のストラクチャー図

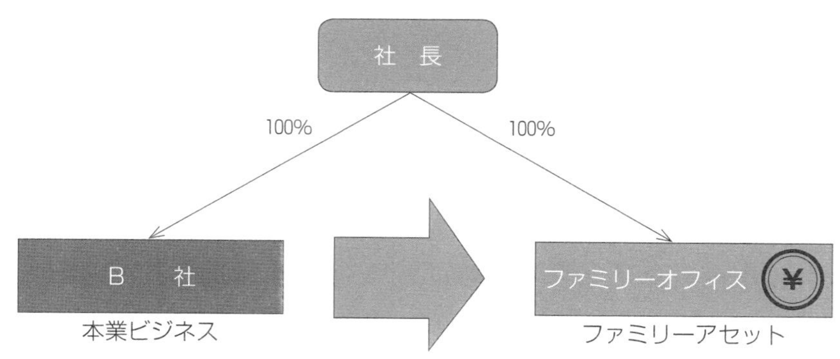

（出所）　デロイトトーマツ税理士法人作成資料より。

解説　会社分割制度と適格組織再編

会社分割とは，会社の中から事業の一部もしくは全部を切り出して，他

の会社にそれを移転する手法です。会社分割の中でも，切り出した事業を新しく設立する会社に承継する手法を「新設分割」と呼びます。この新設分割を活用し新たなファミリーオフィスを創設することができます。

会社が会社分割により資産および負債の移転をしたときは，原則として時価により資産および負債を譲渡したものとして取扱われます。ただし，税法の要件を充足し適格分割に該当する場合には，特例として資産および負債を帳簿価額で移転することが認められています。すなわちキャピタルゲインを実現させることなく事業や資産を移転させることが可能となります。

(b)　事業承継に必要な納税資金の確保，後継者育成資金としての活用

多額の納税に備えてファミリー資産を形成し，相続後の納税資金や後継者育成等ファミリーの成長のための資金を確保する手段としてファミリーオフィスを活用することができます。例えば，相続後３年以内に行う自社株式の金庫株については，資金を効率的に還流できる制度があります。

解説　相続後３年内の金庫株の特例制度

個人が発行会社にその株式を譲渡した場合は，譲渡所得とみなし配当が生じますが，相続により取得した株式をその発行会社へ譲渡した場合には，例外として，みなし配当課税の特例が設けられています。適用要件は以下の通りです。

要件１．相続又は遺贈により非上場株式を取得した個人で納付すべき相続税額があること。

要件２．相続の開始があったことを知った日の翌日から相続税の申告書の提出期限の翌日以後３年を経過する日までにその非上場株式を

発行会社に譲渡すること。

要件３．非上場株式を譲渡した個人が，譲渡の時までに「相続財産に係る非上場株式をその発行会社に譲渡した場合のみなし配当課税の特例に関する届出書」の譲渡人用部分に必要項目を記入の上，発行会社に提出すること。

要件４．「相続財産に係る非上場株式をその発行会社に譲渡した場合のみなし配当課税の特例に関する届出書」を受領した発行会社が「相続財産に係る非上場株式をその発行会社に譲渡した場合のみなし配当課税の特例に関する届出書」の発行会社用部分に必要項目を記入の上，自己株式を取得した年の翌年１月31日までに所轄税務署に提出すること。

(c)　非後継者に一定の財産を残すことができ，遺留分放棄により将来の争いを未然に防ぐ

問題は財産の大半がビジネスを行う自社株となっている点でした。後継者１人に自社株を相続させると遺留分の問題が生じるため，財産のポートフォリオを変更し，非後継者に一定の財産を残すことで遺留分の争いを防ぐことになる場合があります。さらに遺留分放棄の手続きをしておくことができれば争いを未然に防ぐことに繋がります。ここでも会社分割制度を活用し，相続人毎のファミリーオフィスを設立します。金融資産運用事業を営む法人，不動産賃貸事業を営む法人を本業ビジネスから切り離すことで，財産ポートフォリオを変更することになります。長女には金融資産運用事業を営む会社，次女には不動産賃貸事業を営む会社を生前に贈与することで，遺留分を放棄することに合意してもらうことができました。裁判所に遺留分放棄の申請をして許可を得られれば，相続時に争う可能性を未然に防ぐことになります。

図表5－23　B社のファミリーオフィスの新設分割スキーム

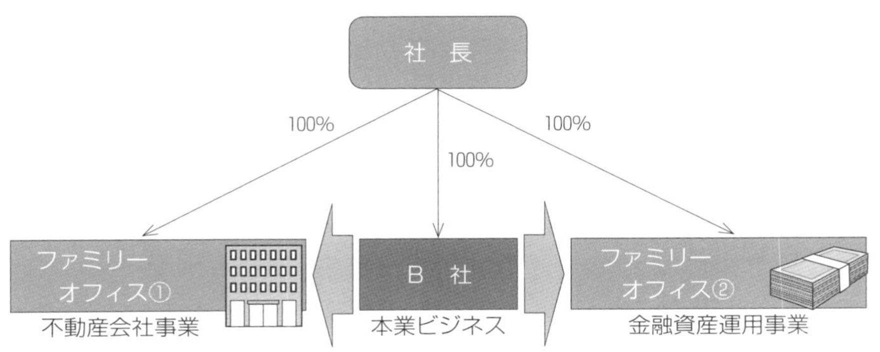

（出所）　デロイトトーマツ税理士法人作成資料より。

図表5－24　B社の変更後の財産ポートフォリオ

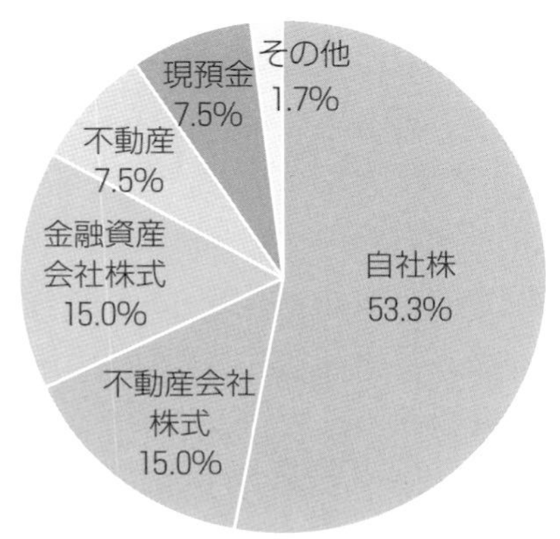

（出所）　デロイトトーマツ税理士法人作成資料より。

解説　遺留分の概要

相続財産をどのように各相続人に分割するかについては，遺言や遺産分割協議により自由に決定できるのが原則です。民法上，法定相続人のうち配偶者・子供・直系尊属に，被相続人の財産について一定の割合を取得する権利を与えている（遺留分制度）。遺留分を請求できる割合は，直系尊属のみが相続人となる場合を除き，被相続人の財産の２分の１です。遺留分を請求できる権利（遺留分減殺請求権）の権利行使期間は，遺留分権利者が相続の開始および減殺すべき贈与または遺贈があったことを知った時から１年間または相続開始の日から10年間です（民法1028条，1031条，1042条）。

図表５－25　遺留分金額の計算

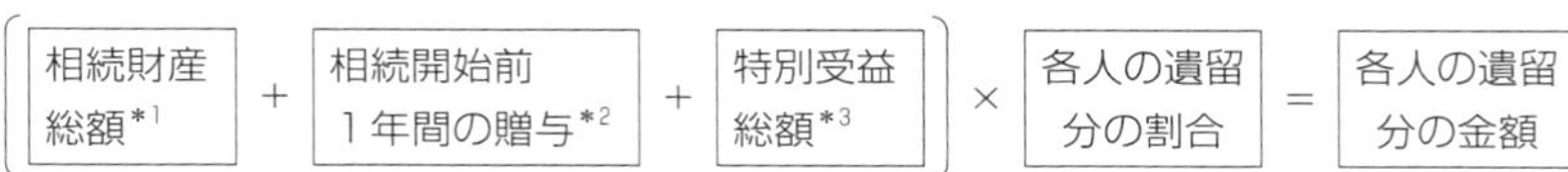

＊１：債務は控除する
＊２：遺留分権利者に損害を加えることを知って贈与をした場合には，１年前のものを含む
＊３：遺贈，または婚姻・養子縁組のため，もしくは生計の資本として贈与を受けた金銭等の金額（原則として受贈者の出生から贈与者の相続発生までの全期間が対象）

（出所）　デロイトトーマツ税理士法人作成資料より。

遺留分放棄の概要

相続の開始前に家庭裁判所の許可を得ることで，遺留分の放棄が可能です（民法第1043条）。遺留分を放棄する相続人自らが裁判所に許可の申し立てを行います。遺留分放棄が認められたとしても，遺留分減殺請求ができなくなるだけで，相続権がなくなるわけではありません。

事例3　ファミリーオフィス活用によるウェルスマネジメント

《ファミリーおよびビジネスの概要》

C社はサービス業を営む上場会社です。現社長が創業者であり，株式公開後も業績を伸ばし続けています。創業家全体で上場会社のオーナーシップの40％（3分の1超），その大半を社長個人（30％）が保有しています。長男が後継者であり今後経営およびオーナーシップの承継が予定されています。また，上場会社株式の一部を公益財団法人（研究助成事業）が保有しています。創業者が設立した財団法人であり，設立の際に創業家から公益財団法人へ拠出されたものです。

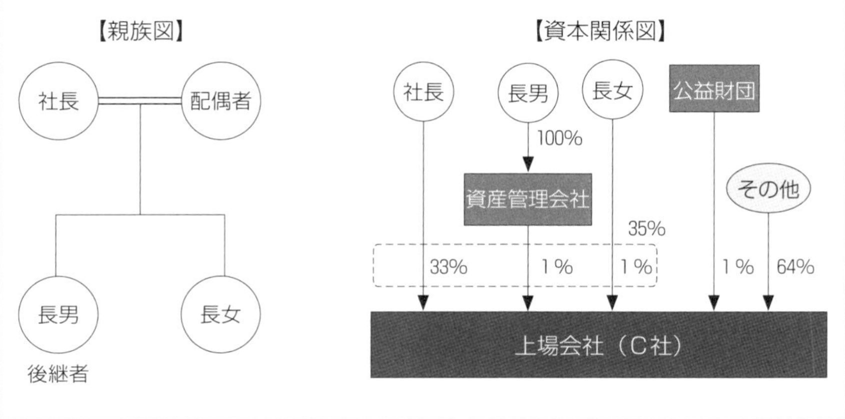

❶ 課　　題

社長から長男への株式承継に際して，多額の相続税，贈与税の負担が想定されますが，ファミリーの財産の大半が上場会社株式であり，その他に納税に充てられる資金が不足しています。結果，納税のために上場会社株式を売却せざるを得ない状況です。世代が進む毎に創業家のオーナーシップが減少していくことが想定され，創業家としてのオーナーシップを通じた上場会社への関与度合いも減少していきます。このまま何も対策をせずに相続を迎えるとした場合のオーナーシップの減少度合いを試算したところ，社長から長男（第１世代から第２世代）で25%，長男から次の世代（第２世代から第３世代）で13%と，世代を進む毎に著しくオーナーシップが減少することが判明しました。なお，本件のように世代が進む毎に創業家のオーナーシップが減少していくことは，上場会社の創業家に共通した課題です。

上場会社側としても，創業家のオーナーシップの減少に関しては，安定株主の減少に伴うコーポレートガバナンスへの影響，創業家の株式売却に伴う株価変動のリスク，自社で株式買取りを引き受ける場合の資金調達など，さまざまな影響を受けることが想定されます。上場会社からファミリーへの配当による資金還流の効率性を考えると，社長への配当が総合課税（最高55%）で，資産管理会社の受取配当等の益金不算入割合が20%となっており，上場会社からファミリーへの資金還流面での効率性が悪い状況にあります。また，ファミリー財産の大部分が上場会社株式により直接構成されており，ビジネスに万一のことが生じた場合には，ファミリーに財産が残らないこととなります。つまり，ビジネスとファミリーのリスク分散が図れていないこととなります。

公益財団法人の運営資金については，公益財団法人が保有する上場株式の配当を原資としていますが，上場会社の配当水準は毎期変動するため，公益財団が毎年運営に必要な資金を安定的に確保できていません。

❷　ファミリーオフィスの活用

社長が保有するＣ社株式を資産管理会社へ売却し，社長が取得する売却資金をファミリーオフィスへ拠出するとともに，当該資金を株式買取り資金として資産管理会社へ貸付を実施します。

また，ファミリーオフィスは種類株式発行会社として，主に議決権と配当受領権について，柔軟な設計ができる仕組みを導入します。

図表５－26　事例３のストラクチャーイメージ

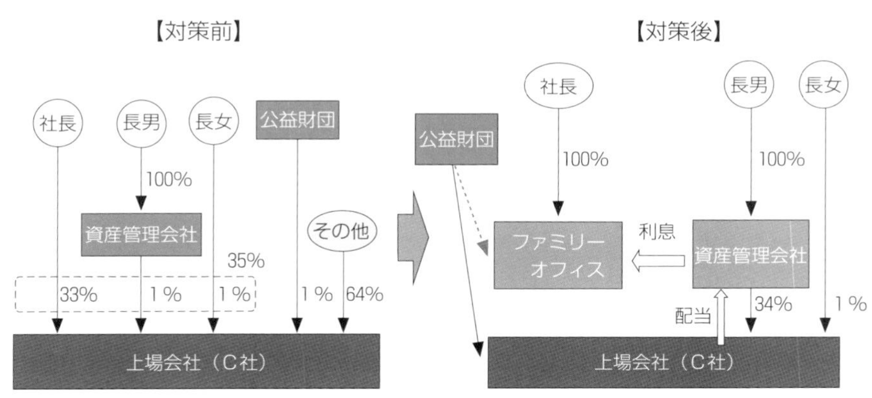

（出所）　デロイトトーマツ税理士法人作成資料より。

(a)　ファミリーオフィスへの効率的な資金還流体制の実現

資産管理会社のＡ社株式保有割合を34％（３分の１超）とすることで，Ｃ社からの受取配当を効率的に資産管理会社へ蓄積することが可能となりました。また，持株会社へ蓄積された資金は，貸付金の元利金返済により，柔軟にファミリーオフィスへ還流することが可能です。

(b)　公益財団法人の安定運営

ファミリーオフィスを種類株式発行会社とすることで，議決権や配当受領権について，柔軟な設計が可能となります。

ファミリーオフィスに配当優先無議決権株式を導入しておき，社長の相続の際に，当該株式を公益財団に拠出することにより，公益財団の安定運営に資するかたちで，ファミリーのオーナーシップの維持にも効果的な方策を実施することが可能です。

解説　公益事業に係る「収支相償」要件

公益財団法人の認定要件に「収支相償」があります。「収支相償」とは，公益目的事業に充てるべき財源を最大限活用し，公益目的事業の受益者に対し，安価で質の高いサービスを提供することを目的とした制度です。公益財団法人が安定的な運営資金を確保することは「収支相償」の要件を満たす上で重要です。

解説　配当優先無議決権株式

配当優先無議決権株式は，議決権を制限する代わりに，剰余金の配当を多く受け取る権利を付与する種類の株式です。公益財団法人にファミリーオフィスの配当優先無議決権株式を拠出し，毎期安定した配当を支払うことで，公益財団が公益事業の運営に必要な資金を毎期安定的に確保することが可能です。

解説　公益財団法人等への財産の拠出

公益財団法人および一定の要件を満たす一般財団法人へ財産の寄附については，税務上の優遇制度があり，寄附時の譲渡所得税，財団法人の贈与税が非課税となります。また，公益財団法人に限定されていますが，相続後に相続人が相続財産を公益財団法人に寄附する場合も同様の非課税特例があります。

図表5－27　公益財団法人への財産の拠出に関する税務

■ 法人形態ごとの優遇税制の適用範囲

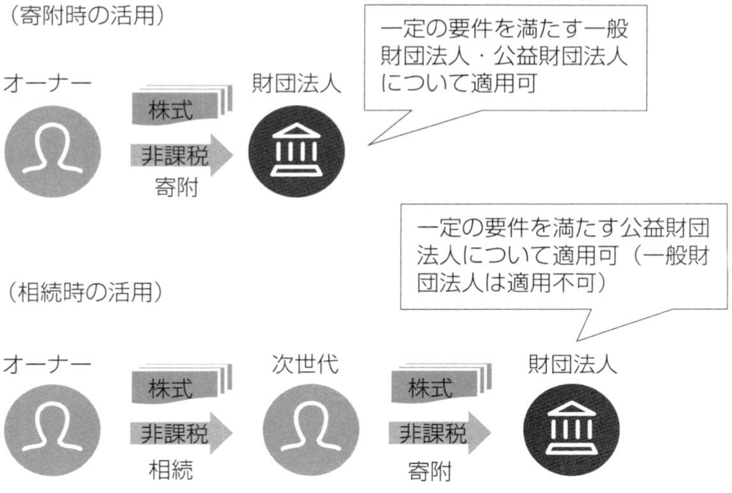

（出所）　デロイトトーマツ税理士法人作成資料より。

解説　種類株式の活用について

会社法において定められる種類株式には以下の9種類があります。

① 剰余金の配当（優先配当，劣後配当等を定めること）
② 残余財産の分配（優先分配，劣後分配等を定めること）
③ 議決権制限（株主総会において議決権を行使することができる事項）
④ 譲渡制限（譲渡による当該株式の取得について当該株式会社の承認を要すること）
⑤ 取得請求権（当該種類の株式について，株主が当該会社に対してその取得を請求できること）

⑥　取得条項（当該種類の株式について，当該株式会社が一定の事由が生じたことを条件として取得すること）

⑦　全部取得条項（当該種類の株式について，当該株式会社が株主総会の決議によってその全部を取得すること）

⑧　拒否権（株主総会において決議すべき事項のうち，当該決議のほか，当該種類の種類株主総会の決議を必要とするもの）

⑨　役員選任権（当該種類の株式の種類株主を構成員とする種類株主総会において取締役または監査役を選任すること）

各々の項目の種類を単独で適用（例えば，拒否権株式），複数を組み合わせた（例えば，優先配当無議決権株式）使い方が一般的です。種類株式をいったん導入すると，その種類株式の承継問題が課題になります。例えば，無議決権株式であれば，望んで承継する相続人は少ないでしょう。そこで，種類株式の導入にあたっては，遺言や信託により，あらかじめ種類株式の承継先を定めておく，一定の条件が到来した際に，会社が当該種類株式を取得する，取得条項を組み合わせる等の措置が必要になってきます。

事例４　クロスボーダーでの活用事例

ビジネスの海外展開の加速化およびファミリーメンバーの居住地の国外化を踏まえたクロスボーダーでのファミリーオフィスの活用事例です。

《ファミリーおよびビジネスの概要》

Ｄ社は，自動車部品製造業を営む非上場会社です。当ファミリービジネスは，創業者の現社長により日本国内で創業しましたが，近年はシンガポールを中心として海外に広くビジネス展開しています。また，今後さらなるグローバル化により，ビジネスの海外シフトが加速化することが想定されています。

社長および後継者である長男は，シンガポールに居住の拠点を置いて，シンガポールを起点として全世界にビジネス展開をしています。両者ともにシンガポール居住者であり，今後もシンガポール居住者として活動していくことを志向しています。

次男は，日本国内で当ファミリービジネスとは関係のない一般事業会社に研究職として勤務しており，日本居住者となります。また，次男は一般事業会社の研究職としての自身のキャリアに満足しており，ファミリービジネスに今後も関与する意向はありません。

社長，長男は日本法人株式（Ｄ社）とシンガポール法人株式（Ｅ社）をそれぞれ保有しています。また，社長の奥様の相続時に，次男が日本法人株式の10％を相続により取得しています。毎期２社とも安定した利益を計上していますが，シンガポール法人に比して日本法人のほうが業歴は長く純資産が厚い傾向にあるため，財産価値としての株価は日本法人のほうが高い状況にあります。

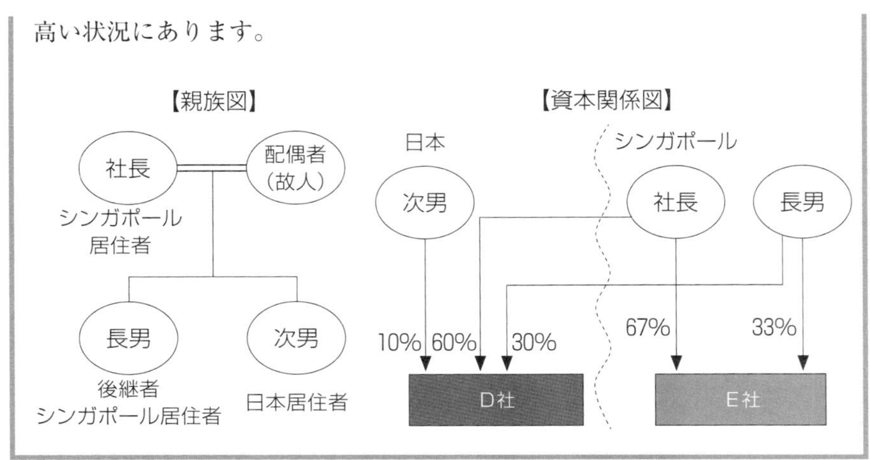

① 課　　題

海外を中心に成長していくビジネス展開，次世代メンバーのビジネスへの関与状況と居住地性を踏まえて，「ファミリーメンバーが，どこで，どのような財産」を保有，形成していくことが，次世代以降のファミリーおよびビジネスの繁栄のために必要か否かを検討する必要があります。社長および長男の財産構成は，日本法人株式が占める割合が大きく，今後もシンガポール居住者としてビジネス活動をしていく社長および長男にとって，財産承継コスト，効率的な財産形成の観点から，保有財産のロケーションを見直す必要があります。今後経営に関与しない次男が日本法人株式を10%保有しており，世代が進むごとに経営に関与しないファミリー内で株式が分散していく懸念があります。また，法人間での資本体系が分断されており，法人間での配当を利用したキャッシュマネジメント体制ができていません。

② ファミリーオフィスの活用

ビジネスの資本体系をシンガポール中心にシフトし，ビジネス全体の利益をシンガポール法人へ還流できる体制とします。長男のファミリーオフィスをシンガポールに設立し，シンガポール法人に還流した資金を活用した財産形成を行います。長男のファミリーオフィスでは，本業ビジネスとは関連しない不動産投資，金融投資を行い，本業ビジネス以外での財産形成を行います。次男が保有する日本法人株式をシンガポール法人で買取りを行い，ビジネスのオーナーシップを経営に関与するファミリーに集約します。次男は日本法人株式の売却資金をもとにして日本国内にファミリーオフィスを設立し，次男独自の財産形成を行える体制とします。

図表5－28　D社・E社のストラクチャーイメージ

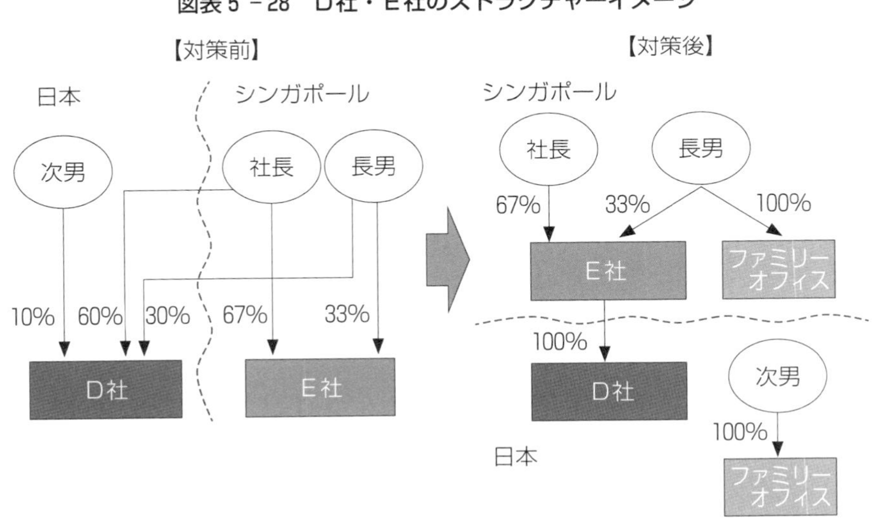

(出所)　デロイトトーマツ税理士法人作成資料より。

(a)　ビジネス，ファミリーの方向性に沿ったアセットロケーションの実現

シンガポール中心としたビジネスの資本体系を整備し，ビジネス全体の利益を社長，長男が居住するシンガポールに還流する体制をつくるとともに，長男は還流された資金を基にしたシンガポールでのファミリーオフィスの活用，次男はD社株式売却資金を基にした日本でのファミリーオフィスの活用，とする

ことで，ファミリーのアセットを，長男，次男それぞれ納得感のある配分を行うことができました。

(b)　長男の財産形成，財産承継の効率化

今後長男は，シンガポールでのファミリーオフィスを中心とした財産形成，社長からのシンガポール法人株式の承継が予定されます。各種税率，課税範囲，相続税・贈与税がない点など，財産形成，財産承継面で税効率が高まることが想定されます。

解説　シンガポールの課税概要

個人，ファミリーオフィスに関連する税目に係る課税概要は以下となります。

税　目	税　　率	備　　　考
個人所得税	累進税率（最高22%）	キャピタルゲインは非課税 受取配当金，金融商品からの投資所得は非課税
遺産税（相続税）	なし	2008年２月15日以降発生の相続から停止されている 贈与税に相当する税もない
法人税	17%	―

※2019年３月１日現在

（出所）　デロイトトーマツ税理士法人作成資料より。
（参照）　日本貿易振興機構「シンガポール税制の概要」（2018年９月）
https://www.jetro.go.jp/ext_images/_Reports/02/2018/959bafc2e1b56468/sg201809.pdf

日本の相続贈与税の課税において，株式は，発行法人の本店もしくは主たる事務所の所在地により，財産の内外判定を行います。

シンガポール法人株式は，発行法人であるシンガポール法人の本店は日本国

外となるため，国外財産に該当します。

社長および長男の双方ともに，10年超日本の非居住者である場合は，国内財産のみの課税対象となり，シンガポール法人株式の長男への承継に対して日本の相続・贈与税は課税されないこととなります。

解説　日本の相続・贈与税の課税関係

日本の相続・贈与税の課税関係は，財産の被承継者および承継者の居住地性と対象財産の所在地に応じて取扱いが異なることになります。

図表5－29　国外財産に対する相続税等の納税義務の範囲

被相続人 贈与者 ＼ 相続人 受贈者		国内に住所あり	国内に住所あり 短期滞在の外国人（※1）	国内に住所なし 日本国籍あり 10年以内に住所あり	国内に住所なし 日本国籍あり 10年以内に住所なし	国内に住所なし 日本国籍なし
国内に住所あり		国内・国外財産ともに課税	国内・国外財産ともに課税	国内・国外財産ともに課税	国内・国外財産ともに課税	国内・国外財産ともに課税
国内に住所あり	短期滞在の外国人（※1）	国内・国外財産ともに課税	国内財産のみに課税	国内・国外財産ともに課税	国内財産のみに課税	国内財産のみに課税
国内に住所なし	10年以内に住所あり	国内・国外財産ともに課税	国内・国外財産ともに課税	国内・国外財産ともに課税	国内・国外財産ともに課税	国内・国外財産ともに課税
国内に住所なし	短期滞在の外国人（※2）	国内・国外財産ともに課税	国内財産のみに課税	国内・国外財産ともに課税	国内財産のみに課税	国内財産のみに課税
国内に住所なし	10年以内に住所なし	国内・国外財産ともに課税	国内財産のみに課税	国内・国外財産ともに課税	国内財産のみに課税	国内財産のみに課税

※1　出入国管理及び難民認定法別表第1の在留資格の者で，過去15年以内において国内に住所を有していた期間の合計が10年以下のもの

※2　日本国籍のない者で，過去15年以内において国内に住所を有していた期間の合計が10年以下のもの

（出所）　デロイトトーマツ税理士法人作成資料より。

（参照）　相続税法（平成31年度版，国税庁HPより）
https://www.nta.go.jp/about/organization/ntc/kohon/souzoku/mokuji.htm）

Column 5 － 1

米国国籍者，米国居住者に関する米国税務上の論点

ファミリービジネスのメンバーのうち，日本に居住しているにもかかわらず，米国国籍者，グリーンカードホルダーがいるケースはよくあります。米国籍，グリーンカードを取得した経緯は，後継者育成を目的とした米国子会社への出向，米国の教育機関への進学，出生自体が米国であったなどさまざまなケースを見聞きします。

例えば，現在は日本の親会社で社長としてビジネス全体をマネジメントしているが，大学進学の際に米国の大学へ進み，大学卒業後も米国子会社のマネジメントとして働き，現地で出会った日本人同士で結婚をして，その間に子供をもうけたようなケースがあります。この場合は，両親ともにグリーンカードホルダーであり，その子供は日本国籍と米国籍の二重国籍であったという話も少なくありません。米国籍やグリーンカードを取得することで米国での生活やキャリアなどの人生の選択肢が広がることは有利な点となりますが，その一方で米国の税制上留意すべき点もあります。

一定額以上の米国外金融資産を保有する場合，米国税務当局への当該財産の開示が毎年必要となります。開示義務を怠ると1万ドルから，悪質な場合最高で対象財産の50％のペナルティが科されることになります。先にみた社長のように，現在の生活の本拠が日本であり，金融資産も日本国内を中心に保有している場合でも，一定額以上の日本国内金融はすべて米国税務当局へ開示する必要があります。ところが，開示義務に関する認識がなく，結果として未対応となっているケースが多くあります。

米国籍やグリーンカードを放棄する場合に，当該放棄者が一定以上の所得水準や財産規模を有している場合は，放棄時点で保有する財産の値上がり益について，キャピタルゲイン課税（いわゆる出国税）が米国で課税されます。

特に，ファミリービジネスオーナーが米国籍やグリーンカードを放棄する場合には，保有する自社株式が課税対象となり，莫大な税額が発生するケースもあります。課税対象となる自社株式の評価額は，米国税務基準での企業価値算定によるもの（Fair Market Value）となり，日本の相続税評価（日本の国税庁が公表

する財産評価基本通達）に比して，かなり多額になる傾向にあります。

こういう話題になると，「米国籍やグリーンカードを放棄すると出国税がかかるのなら，自分が死ぬまで放棄せずに持っていたらと良い」と考えるオーナーもいますが，米国籍者，グリーンカードホルダーは，相続時に米国での遺産税（日本の相続税）が課税されます。日本は相続で財産を取得した者に相続税が課税（遺産取得者課税）されますが，米国は被相続人の相続財産に課税（遺産課税）されるため，被相続人の国籍等に応じて米国での遺産税の課税関係が決まります。

米国での相続手続きはプロベイト（probate）と呼ばれ，遺言書がない場合や信託設定されていない財産は，裁判所の管轄化に置かれて，財産内容を公表された上で，遺産分割手続きが進められることになります。財産内容が公表されてしまうというプライバシーの観点，また。手続き完了まで２年から３年の期間を要するケースも多く，時間と法務専門家への費用もばかになりません。もちろん，米国籍，グリーンカードの取得は，税金だけで語れるものでなく個人の人生設計の問題ではありますが，安易な考えで取得してしまうと，保有期間，放棄時，ひいては自身の相続まで影響が及ぶことになりますので，慎重な検討が必要です。

最後に，米国の税制は政権（共和党か民主党）により大きく変化しますので，その点も踏まえた臨機応変な対応が必要なことも留意するべきでしょう。

【米国国籍，グリーンカードの取得条件】

	取得の条件
米国国籍	永住権を取得してから５年を経過すると申請できる
	米国市民と結婚してから３年を経過すると申請できる
グリーンカード（永住・条件付永住者カード）	米国籍者の親族を持つ配偶者，子供，両親，兄弟，姉妹
	雇用先のアメリカ企業のサポートにより取得する
	抽選プログラム（ＤＶプログラム）に応募する
	米国内の新規企業あるいは再建企業に100万ドル以上の投資を行い，２年以内に10名の米国人従業員を雇用する

Column 5 － 2

海外移住のトレンド

ファミリービジネスのオーナーはどのように安定的に後継者へ事業を承継させるかについて常に頭を悩ませています。なかでも日本国における事業承継の中心的な問題はやはり自社株式の承継に係る税金となっています。企業価値が高ければ高いほど，自社株式を後継者に移転する際の税金も高くなり，日本国における現行の相続税および贈与税の最高税率はなんと55％となっています。これだけでも海外のビジネスオーナーからは「クレイジー！」と必ずいわれますが，さらにファミリービジネスオーナーが生涯稼いだ利益に対して法人税，所得税，相続税・贈与税を考慮すると生涯の実効税率が80％を超えることも珍しくありません。これではグローバル経済の中での国際競争力という観点からは著しく不利といわざるを得ません。

このような状況で1990年代以降の円高も背景に海外に資産や拠点を移すファミリービジネスオーナーが増加したのは当然のことともいえます。一方で財務省および国税当局も海外へ流出するヒト・モト・カネに対する情報収集と課税捕捉の強化を図っています。2018年から開始している非居住者の金融口座情報の自動交換制度によってタックスヘイブン諸国を含む約64カ国および地域の約55万口座の情報を入手したと公表されました（2018年10月31日，国税庁）。

また，2015年７月から開始した国外転出時課税（いわゆる出国税）制度によって，国外へ移住をする居住者が１億円以上の有価証券等を所有している場合には，その資産の含み益に所得税が課税されることになりました。すなわちファミリービジネスオーナーが国外へ移住をする場合には自社株式に対する未実現のキャピタルゲインに対しても課税されることになったのです。

このように課税の強化によって一定の歯止めはかかっているものの，財産をもって国外に移住するファミリービジネスオーナーまたは富裕層の数は，近年ますます増加しています。世界には，相続税・贈与税のない国はたくさんありますが，税金以外にも子供の教育，住みやすさ，カントリーリスク，ビザ（査証）の取得などを移住先の国，地域を選ぶ際には総合的に考える必要があります。人気が高いのがシンガポール，香港，オーストラリア等でインターナショナルスクール等の教育の選択肢が充実している国となっていますが，近年ではマレーシアやニュージーランド等も人気がでてきており，住みやすさや日本からの距離等も重要な判断要素となっているようです。

シンガポールは相続税および贈与税がないことに加え，金融資産の運用等に係る非課税措置，低い所得税率や法人税率等のメリットもあり，世界の大富豪が数多く移住しています。ただし，通称GIPといわれる永住権を手に入れるには，最低250万シンガポールドル（日本円で約２億円）を新規または既存の事業へ投資するか，あるいはGIPファンド（シンガポール国内向けベンチャーファンド）へ投資することが条件となっています。この他，相続税・贈与税がない国として知られるのは，スイス，スウェーデン，モナコなどの欧州諸国です。それぞれの国ごとにメリット，デメリットがあるため，税金以外の点も総合的に考慮する必要があります。

たしかに海外移住は相続対策の選択肢の１つですが，ファミリービジネスオーナーにとってはビジネスの永続発展や影響を最優先に考える必要があることは言うまでもありません。

【海外移住で人気のある各国と日本の税率等の比較】

	人口（万人）	１人当たり名目GDP（USD）	所得税率	法人税率
シンガポール	564（2019年）	63,798（2018年）	22%（最高）	17%
香港	734（2016年）	43,661（2016年）	15%（標準）	8.25%/16.5%
オーストラリア	2,499（2018年）	55,707（2018年）	45%（最高）	30%
マレーシア	3,200（2017年）	11,340（2017年）	30%（最高）	25%
ニュージーランド	495（2019年）	41,593（2017年）	33%（最高）	28%
日本	12,601（2020年）	38,428（2017年）	45%（最高）	29.74%

（出所）　外務省資料，ジェトロ資料より筆者作成。
（注）　香港の所得税率は給与所得税で，標準税率15%で段階的な２～17%の累進税率との選択制。また，法人税率は利益のうち200万香港ドルまでは8.25%の税率，200万香港ドルを超える利益については16.5%の税率で課税される。

第 6 章

事業承継対策における信託の活用

第1節　事業承継における信託活用の背景

1.　新信託法の成立

事業承継対策において，信託の活用が本格的に検討されるようになったのは，2006年12月に成立した新信託法の成立によるものということができます。新信託法においては受託者の忠実義務や自己執行義務などの受託者の義務について規制を緩和する等の合理化がなされるとともに，受益者の監督権，補償請求権等の権利行使の実効性を高めることで制度のバランスをとっています。

一方で，さまざまな信託の利用ニーズに対応した法制度を導入すべきとの要請に基づき，新しい類型の信託制度も創設されました。この中では特に，事業承継の円滑化のための信託活用ニーズも強く主張され，遺言代用信託等中小企業の事業承継に資する信託の類型が創設，あるいは明確化されるに至りました。

2.　「信託を活用した中小企業の事業承継円滑化に関する研究会」

上記のように，さまざまな類型の信託が創設あるいは明確化され，中小企業への事業承継対策における活用が期待されましたが，なかなか実用化は進まない状況でした。多くの中小企業経営者にとって，信託の事業承継への活用について馴染みのないことおよび会社法や民法との関係が十分に整理されていないため，リーガルリスクを懸念して，信託銀行が商品展開に慎重であったことがその理由と推定されます。これを踏まえて，中小企業庁財務課長の私的研究会として2008年６月に「信託を活用した中小企業の事業承継円滑化に関する研究会」（以下「研究会」とする）が設置されました。

研究会メンバーは，大学教授，税理士，弁護士，信託銀行職員等で構成され，事業承継の円滑化のために活用可能な信託スキームについて，そのメリットおよび活用ニーズを具体的に整理するとともに，会社法および民法等との関係について検討し，その検討内容について2008年９月に「中間整理～信託を活用した中小企業の事業承継の円滑化に向けて～」という形で公表されています。本中間整理においては，「あくまで１つの考え方を整理したものであって，これ以外の考え方を排除するものではない。また信託銀行等が信託商品の制度設計をするに当たっては，利用者ごとの個別具体的な事情等を考慮する必要があるため，本中間整理における一般的な考え方をそのまま当てはめることができない場合もあり得る」との付言がなされておりますが，一定の考え方が整理されたことにより，信託銀行等における事業承継に係る信託商品の開発が進む大きなきっかけとなりました。

3．「民事信託」の浸透

新信託法の改正を契機として，信託銀行等が受託者となる営業目的の信託でなく，委託者の親族等の身内を受託者とする営業を目的としない信託（いわゆる民事信託）の活用も進んできています。民事信託は，委託者個人の各々の事情に合わせて，比較的自由に制度設計できること，商事信託の場合に必要となる受託者の信託報酬が不要等のメリットもあり，今後中小企業の事業承継において更に利用が進むこととなるでしょう。

第２節　事業承継における信託活用スキーム

事業承継に活用できる信託スキームは，以下の３つのパターンがあります。

1.　遺言代用信託（自益信託型）
2.　株式の生前贈与信託（他益信託型）
3.　後継ぎ遺贈型受益者連続信託

以下では，それぞれのスキームの特徴とメリットなどを比較しながら説明します。

1.　遺言代用信託（自益信託型）

❶　スキームの概要

事業承継対策に活用される信託スキームとして，まずは遺言代用信託（自益信託型）を挙げることができます。文字通り，遺言の代わりとなるこの信託スキームは，自社株式を保有する企業オーナーが委託者となり，その自社株式を信託設定するものです。当初受益者は委託者である企業オーナーとしますが，企業オーナーの死亡時には，予め指定した後継者が第二受益者となり，実質的な企業の経営権を承継するというスキームです。

図表６－１　遺言代用信託（自益信託型）

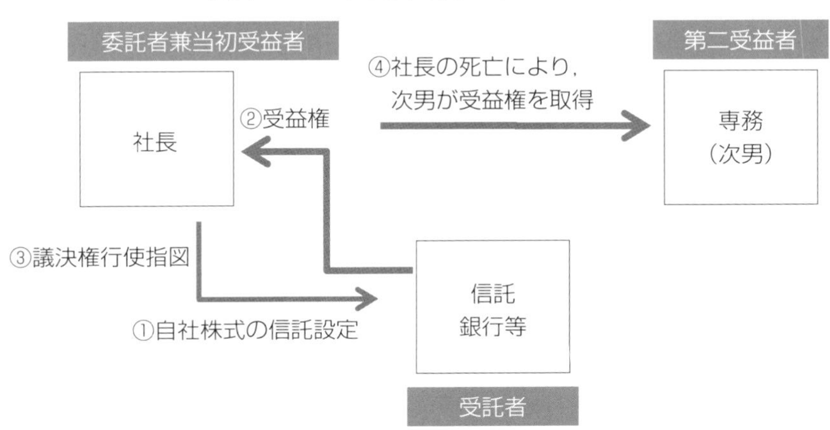

（出所）　三井住友信託銀行ウェルス・マネジメント部作成。

❷　税務上の取扱い

信託設定時	信託設定の段階では実質的な財産権の移転はありませんので，課税関係は生じません
信託期間中	自社株式の配当金については，その時の受益者（企業オーナーまたは後継者）が受け取ったものとみなされて課税されます
企業オーナーの相続時	企業オーナーの相続時において，第二受益者となる後継者が信託財産である自社株式を相続または遺贈により取得したものとみなされて，相続税が課税されます
信託終了時	第二受益者である後継者が信託終了により，自社株式を取得する場合においては，既に企業オーナーの相続時に相続税の課税がなされているため，信託終了時における課税は発生しません

（出所）　三井住友信託銀行ウェルス・マネジメント部作成。

❸　事業承継対策上のメリット

信託設定がない場合，相続財産である株式は遺産分割協議の完了まで相続人間の準共有状態となるため，相続人間の意見が異なる場合等には株主総会のおける議決権の行使等が不安定となる恐れもあります。

遺言代用信託の活用により，委託者兼当初受益者である企業オーナーの相続開始と同時に，後継者は受益者となりますので，経営上の空白期間が生じません。

❹　遺言との比較

遺言代用信託と遺言では以下のように比較できます。いずれもオーナーの意向を踏まえて株式の承継者を決めることが可能であるということは共通していますが，後継者変更の柔軟性，後継者地位の安定性という観点では，信託は当事者の事情に合わせた信託契約とすることが可能ですので，遺言代用信託のほうが優れているということができます。

ただし，信託を活用した場合には，事業承継税制（納税猶予制度）の適用ができないこととなるため，事業承継税制の活用可能性がある場合には，留意する必要があります。また，信託を活用する場合においても相続人の遺留分に配慮した内容にすることが必要です。そのためにも信託活用と併せて相続人間の財産配分に配慮した遺言も作成しておくことが無難ということができます。

図表6－2　遺言と遺言代用信託の違い

	遺　　言	遺言代用信託
オーナーの意向反映	企業オーナーが自らの意向を踏まえて株式の承継者を決めることが可能	
承継に係る円滑性	遺産分割協議を行わずに遺言執行による相続手続きで株式の承継が完了	遺産分割協議を行わずに信託契約内の手続きで，後継者（第二受益者）への資産承継が完了
後継者変更の柔軟性	公正証書遺言の書換等の場合，ある程度の時間と手間が必要	信託契約内で規定する受益者変更手続きを経ることで手続き完了
後継者地位の安定性	後継者に自社株式を遺贈する内容の遺言があっても，いつでも撤回は可能	後継者（第二受益者）の変更については，後継者の承諾が必要と規定することで，後継者地位は安定
法的安定性	複数の遺言が残ることで，「争族」となる恐れ	信託契約と異なる内容の遺言が存在する場合，「争族」となる恐れ
株式の名義	企業オーナー	受託者（信託銀行等）
議決権の行使	企業オーナーが議決権を直接行使	企業オーナーの指図に基づいて，受託者（信託銀行等）が議決権を行使
事業承継税制	一定の要件を満たす株式の相続にあたっては，納税猶予制度の適用を受けることが可能	後継者（第二受益者）の受益権取得にあたって，納税猶予制度の適用は不可

（出所）三井住友信託銀行ウェルス・マネジメント部作成。

2．株式の生前贈与信託（他益信託型）

❶ スキームの概要

遺言代用信託（自益信託型）は，信託設定段階では委託者である企業オーナーが受益者となり，相続発生時において後継者が第二受益者となることで円滑な株式の承継を実現するものでした。これに対して，株式の生前贈与信託（他益信託型）は，信託設定段階で後継者を受益者とすることで，信託設定段階で実質的に自社株式の財産権を後継者に移転するというスキームです。

図表6－3　株式の生前贈与信託（他益信託型）

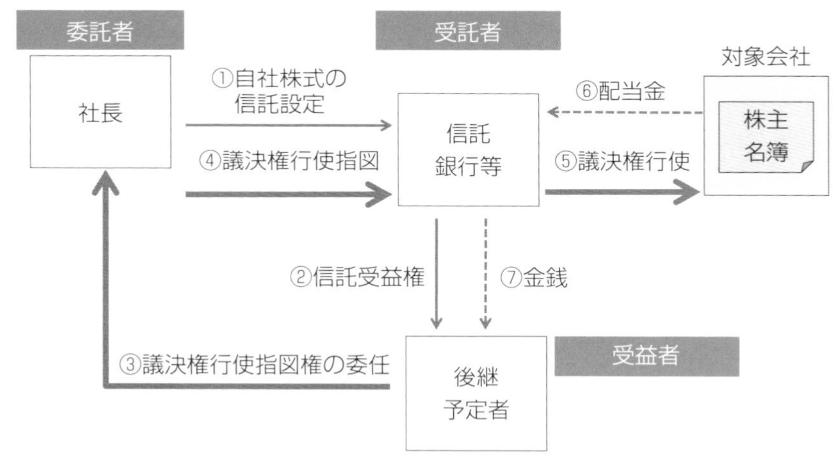

（出所）三井住友信託銀行ウェルス・マネジメント部作成。

❷ 税務上の取扱い

信託設定時	信託設定段階で，委託者である企業オーナーから受益者である後継者に自社株式に係る経済的価値が移転したことになりますので，実質的に企業オーナーから後継者への贈与とみなされ，後継者に贈与税が課税されます
信託期間中	自社株式の配当金については，受益者（後継者）が受け取ったものとみなされて課税されます
企業オーナーの相続時	企業オーナーの相続時においては，信託財産の経済的価値は信託設定時に後継者に移転済みとなっていますので，特段の課税はありません
信託終了時	受益者である後継者が信託終了により，自社株式を取得する形となりますが，既に信託設定時に経済的価値の移転とみなされて贈与税の課税がなされているため，信託終了時における課税は発生しません

（出所）　三井住友信託銀行ウェルス・マネジメント部作成。

❸ 事業承継対策上のメリット

単に特定の時期に自社株式を後継者に承継させるだけであれば，企業オーナーは後継者に株式を贈与すれば事足りるので，敢えて信託スキームを活用する意義は小さいということができます。

したがって，この信託スキームを活用する場合には，議決権を委託者である企業オーナーが実質的に保有しつつ，財産権のみを後継者に承継させることに意義があります。

今後の企業成長等により，自社株式の評価額の高騰化が予想されるような場合において，早期段階でこの信託スキームを活用することで，経営権は企業オーナーが実質的に留保しつつ，承継コストを抑制するかたちでの財産権の後継者への承継が可能となります。

❹ 種類株式活用との比較

議決権を実質的に保有したまま，財産権のみを後継者に移転するということは，種類株式（あるいは属人的株式）を活用することで，ほぼ同様の効果を得ることが可能です。

例えば，企業オーナーが保有する株式の一部を普通株式（議決権あり），残りを無議決権株式として，無議決権株式を後継者に贈与する手法等が考えられます。両手法の比較は以下のとおりです。

図表6－4　株式の生前贈与と種類株式の比較

	株式の生前贈与信託	種類株式
議決権を留保した財産権の移転	企業オーナーが実質的に議決権を保有したまま，後継者に財産権を早期に移転することが可能	
手続き	契約当事者のみの合意で手続き可能	株主総会決議要。既存株式の種類変更については，株主全員の同意要。
後継者の変更の柔軟性	委託者に受益者変更権を付与することで対応可能	株式をいったん贈与等した後の撤回は通常困難

（出所）三井住友信託銀行ウェルス・マネジメント部作成。

なお，非公開会社においては，議決権について株主ごとの異なる取扱いを定めることが認められているため，非公開会社株式について信託を活用することにより，企業オーナーに議決権を留保しつつ，財産権のみを後継者に移すというスキームも会社法上の問題は生じないと考えられます[73]。一方，公開会社株式については，信託を活用した議決権と財産権の分離については会社法上疑義が生じる可能性があり留意が必要です。

3.　後継ぎ遺贈型受益者連続信託

❶　スキームの概要

後継ぎ遺贈型受益者連続信託は，企業オーナーが自社株式を指定する後継者に承継するだけでなく，その後継者が亡くなった後の次の自社株式の承継者を決めておくことができるスキームです。

例えば，企業オーナーに子供がいない場合，企業オーナーの死亡時には，自社株式を配偶者である夫人が相続することとなります。その後，夫人の死亡時においては，夫人の親族に株式が承継されることとなりますが，夫人の死亡時には，自分の親族（例えば，甥など）に自社株式を承継させたいと希望する企業オーナーは多いでしょう。そのような場合においては，後継ぎ遺贈型受益者連続信託が有効です。

図表6－5　後継ぎ遺贈型受益者連続信託

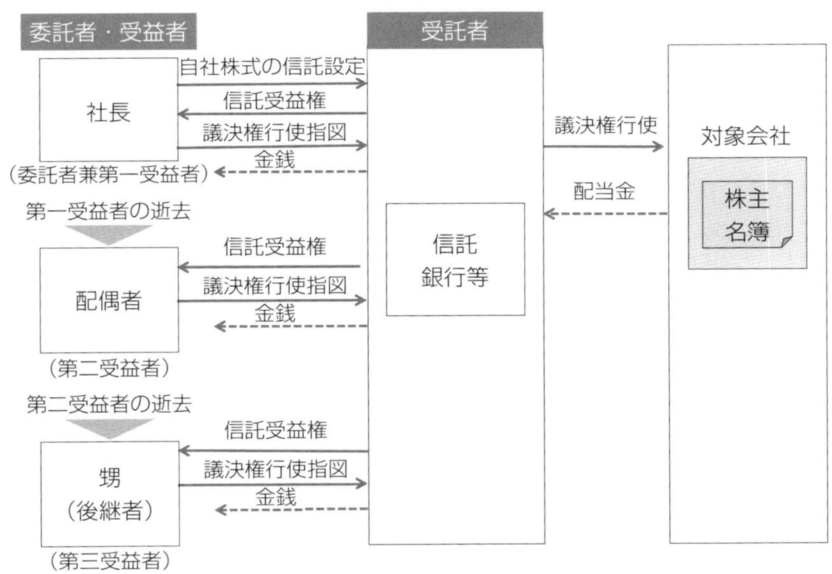

（出所）　三井住友信託銀行ウェルス・マネジメント部作成。

❷ 税務上の取扱い

信託設定時	信託設定の段階では実質的な財産権の移転はないため，課税関係は生じません
信託期間中	自社株式の配当金については，そのときの受益者が受取ったものとみなされて課税されます
企業オーナーの相続時	企業オーナーの相続時において，第二受益者となる配偶者が信託財産である自社株式を相続または遺贈により取得したものとみなされて，相続税が課税されます
配偶者（第二受益者）の相続時	配偶者（第二受益者）の相続時において，第三受益者となる後継者が信託財産である自社株式を遺贈により取得したものとみなされて，相続税が課税されます
信託終了時	第三受益者である後継者が信託終了により，自社株式を取得する形となりますが，既に第二受益者の相続時に相続税の課税がなされている場合においては，信託終了時における課税は発生しません

（出所）　三井住友信託銀行ウェルス・マネジメント部作成。

❸ 事業承継対策上のメリット

例えば，企業オーナーが遺言により夫人に自社株式を承継させ，次は甥に承継するように依頼しても，必ずしも企業オーナーの思いどおりに甥に株式が承継されるとは限りません。夫人がやはり自分の親族に自社株式を含む財産を承継させてしまうという可能性は残ります。あるいは，株式を売却等により資金化してしまうということも考えられます。

一方，後継ぎ遺贈型受益者連続信託を活用すれば，第二受益者である夫人は株式の配当金の受領や議決権行使など，信託を通じて実質的な株式の経済価値を享受することはできますが，株式の売却や贈与等を行うことはできなくなります。

企業オーナーは第二受益者，第三受益者だけでなく，その次の第四受益者等も指定することは可能ですが，このように最終受益者に至るまでの受益者の財産の処分権を実質的に制限することで，企業オーナーの思い通りの自社株式の承継が可能となります。ただし，永久的に承継者を指定できるわけではなく，当初信託契約から30年経過した後の受益者の死亡により，次に受益者となった者が死亡したときには信託は終了することとなります。

第3節　民事信託の活用について

前述のとおり，信託銀行，信託会社等の事業者を受託者とせず，親族等を受託者とする民事信託（家族信託）の活用は広まりつつある状況です。

これまで一般的に馴染みの薄かった「信託」という制度が民事信託の浸透により，認知度が高まることは喜ばしいことであり，信託制度自体の発展にも繋がることと感じています。

一方で，民事信託の活用にあたっては，以下のような点に留意して制度設計する必要があります。

1.　受託者としての資質・能力

民事信託の受託者は信託銀行等の商事信託の受託者とは異なり，受託者としての経験が豊富ということはほとんどありません。また，信託業法の規制を受けることもないため，信託の受託者としての義務遂行能力に欠ける可能性，不正が行われる可能性，適正な信託決算事務が行われない可能性も商事信託と比較して高いということができます。

2.　信託スキームの継続性の担保

民事信託スキームにおいて，一個人が受託者となるような場合においては受託者の高齢化や死亡等の事態も予め想定しておく必要があります。特に後継ぎ遺贈型受益者連続信託については，信託期間が超長期（100年以上になることもありうる）になる可能性も高く，バックアップの受託者を指定しておくこと等により，信託スキームの継続性の担保をすることを検討すべきです。

3.　専門家の活用

上記のような留意点に対応するために，信託に精通した弁護士，司法書士や税理士等の専門家に，信託監督人等に就任してもらうことも有効です。

特に信託財産となる株式等の評価額が高額であったり，信託期間が超長期となる可能性が高い場合においては，多少のコストを要したとしても，専門の信託銀行や信託会社を受託者とする商事信託の活用も検討すべきでしょう。

Column 6－1

自社株式の信託を活用した社会貢献

社会的に成功した企業オーナーが，財団法人等を設立し自社株式を寄付することにより，その配当金で学生の奨学金や大学等への研究助成金等の公益事業を行うということがしばしば行われています。

東証1部上場の㈱LIFULLの創業者である井上高志社長もその1人です。これからの社会をよりよいものとするヒントとなるであろう古今東西の叡智を探求し，社会に活用する土台を作ることを目的として，一般財団法人Next Wisdom Foundationを設立しました。

財団法人の活動資金確保のために，自社株式を一般財団法人に寄付すれば，直接財団法人に配当金が入る形となるため，税負担等の観点では所得税負担後の現金を寄付するよりは一般に有利ということができます。

しかしながら，自社株式の議決権行使を本人ができなくなるという点は企業経営の観点からはデメリットになります。また，配当金の増減がある場合には，財団法人の活動資金も増減することとなり，安定的な事業運営のためには，必ずしも望ましいということはできません。

そこで，井上社長は信託を活用した株式配当金の寄付を行うこととしました。株式の配当金は信託を通じて財団法人が受け取る形とする一方で，議決権行使の指図は井上社長が行うこととしました。また，配当水準の増減を踏まえて，信託設定する株式数を変更することにより，安定的な活動資金確保ができる形にしています。

信託の活用による議決権と財産権の分離という機能は，事業承継対策だけでなく，このような企業オーナーの社会貢献に対するニーズにおいても活用されています。

Column 6－2

事業承継税制の活用を検討する上での留意点

近年「経営承継」「事業承継」というキーワードを，新聞記事やメディア等で目にするようになりました。その理由の１つとして，中小企業庁が中小企業の事業承継を総合的に支援する施策として，平成20年より経営承継円滑化法によって事業承継における税負担の軽減となる規則を定めたことが挙げられます。

特に事業承継税制の１つである非上場株式の贈与税・相続税の納税猶予および免除制度の活用については，平成30年度の税制改正より特例措置（10年間の時限措置）が創設され，相続税の納税猶予について100％猶予されること等，要件が拡充されました。その影響もあり改正前の平成29年度までは年間400件程度であった贈与税・相続税の納税猶予申請件数が平成30年度には年間約6,000件に迫る勢いだと中小企業庁から発表されています。

申請件数は増加しているものの，本制度はあくまで納税の「猶予」であり，猶予の適用を継続し最終的に「免除」を受けるためには，次世代以降にわたって要件充足をし続けなければなりません。

例えば，現代表者から後継者への経営承継を検討している製造業のファミリー企業が，本制度の特例措置の申請した後，現代表者に相続が発生し後継者が代表権を承継し，認定を受け自社株式の相続税は納税猶予されたとします。しかしそのあと，業界再編が起きたとします。本業が低迷したことで後継者は本業から撤退し，長年一族で保有してきた不動産等の資産を次世代へ承継すべく不動産賃貸業への業種転換を考える上で，納税猶予の適用についてどういった影響があるでしょうか。

現状の税制においては，不動産賃貸業へ業種転換することにより資産保有型会社に該当した日から２か月の経過日をもって相続税の納税猶予に係る期限が確定され，猶予中の相続税額（利子税も含む）の全額を納付しなければなりません。

したがって，本制度を活用することで事業の硬直性が生じ，事業発展の阻害要因にならぬよう，中長期的な事業戦略に合わせた事業承継税制の活用要否を検討することが必要と考えます。また，適用後に毎年本税制に関する改正による影響がないかどうかのモニタリング等も必要となります。

終　章

事業承継に直面するファミリービジネスの問題点と，その解決策についてみてきました。最後に，これからのファミリービジネスについて，どのように取り組むべきか，その問題の本質を考えてみましょう。以下では，本書で取り上げたファミリービジネスにおける重要な着眼点を踏まえつつ，日本の企業文化の特殊性を改めて整理していきます。

●PPPモデルに見るファミリービジネスのポイント

ここで，改めてPPPモデルの中で提唱されている考え方に基づきファミリービジネスの特徴，成功に導くためのポイントを整理すると，そのポイントは以下の５つに集約されます。

① ビジネスファミリーとは，メンバーのライフサイクルでの出来事やダイナミックなビジネス環境によってもたらされる変化に晒され続け，それゆえ，そのあるべき姿について常に再考を迫られる複雑なシステムである。

② ファミリーの機能やビジネスの業績を改善するうえで有効な手段は，コミュニケーション，プランニング，ガバナンスの３つである。

③ ビジネスファミリーは，ファミリーの調和とビジネスの成長のために，並行的にプランニングを行い，ファミリーとビジネスの整合性を図る必要がある。

④ ファミリーが価値観を共有できている場合，とりわけ，オーナーとし

てビジネスに対して強いコミットメントを持っている場合，そうしたファミリーによるビジネスへの参加は競争上の大きな強みとなる。

⑤　ファミリービジネスは，あらゆる要素が相互に関係し合うというきわめて複雑な構造を抱えた存在であり，したがって，こうしたシステム全体の中の小さな変化によっても業績が改善されることがある。

ファミリービジネスの関係者の方々は，これら5つの考えに沿って，自らの事業・ファミリーを評価してみてください。ファミリービジネスを成功に導くためには，ビジネスの業績にとって重要となるファミリーの共有されたビジョンと，ファミリーの目標達成に資するビジネスの共有されたビジョンの双方が必要です。もちろん，それぞれのファミリービジネスにはそれぞれ特有の課題がありますが，新たなるビジネスチャンスを獲得するために，自社の保有する資源を有効に活用することで意識を共有できたら，このファミリーはビジネス上の優れた業績を上げるだけではなく，ファミリーのメンバー間で結束を強めることもできるでしょう。

すべてのファミリービジネスを同列に論じることはできませんが，理論的な説明，あるいは過去のファミリービジネスの体験から学ぶことは多くあります。その中には，ビジネスファミリーが上手くやっていくためのヒントが含まれているのです。どんなファミリービジネスでも，そのヒントを参考にすることで，ファミリー内の関係性を良好にし，業績も改善させることができるでしょう。

●日本社会の特徴である「イエ構造」に見る事業承継

日本の組織なかんずく企業組織の特徴の1つに，「イエ社会（構造）」があるといわれています[74]。日本社会における集団形成原理の最も顕著な特徴として，そして現代日本の経済発展を支えたものとしての「イエ」とそれによって構成される「イエ社会」があるというのです。

日本のファミリービジネスにおける経営者兼オーナーと従業員の関係は，この「イエ社会」による経営が特徴的に行われている企業組織です。また，従来の日本企業で行われていた「コーポレートガバナンス」は，この「イエ社会」の考えに基づいて生まれてきたというように背景を整理することができます。日本企業は欧米企業と比べ，同族経営，老舗企業が多いことの背景に日本人の特質があるのかもしれません。「イエ」の意識から日本人の組織防衛的な行動パターンを考えると，ステーク・ホルダー（仲間）を守るための企業経営という発想が，日本人や日本の組織の中にあることが，日本にファミリービジネスが多く，長寿企業が多いことと強い関連があるのではないでしょうか。これは，日本企業の強みの１つである従業員の結束，組織貢献意識の強さという意味でも，日本企業の強力な内部資源となっているといえるでしょう。

それでは，日本の「イエ制度」を意識したうえで，ファミリービジネスを存続させるためには，何をなすべきでしょうか。まずは，現在の民法の下では規定されていないにしても，「家長」の存在を意識して，一族関係者相互のコミュニケーションを復活させることから始めるべきでしょう。ただし，その家長のもとに集まるファミリーはすべてのメンバーに発言権があります。決して硬直的なものであってはいけません。ファミリーおよびその周辺の関係者のコミュニケーションが密接になれば，価値観の共有が実現し，ファミリービジネスの持続的成長と後継者への承継に積極的に取り組むことができるのではないでしょうか。また，家法を策定することも効果的です。ともにモノを作る経験は，一族関係者間の意思疎通の場を提供し，ファミリーガバナンスの制度を準備し，最終的にファミリービジネスの永続的発展を推進するメカニズムとして有効性があると考えられます。

日本企業に限った話ではありませんが，企業経営上の精神的なよりどころとなる信頼・安心感を求める結果，企業は「道義的に間違ったことをしない」ようになり，「良心」に従った企業統治が行われるのです[75]。日本のファミリービジネスに関わるコーポレートガバナンスやファミリーガバナンスについて考えるに当たっては，こうした日本人の特性，日本企業の特性を勘案したうえで見る必要があるでしょう。

「三方よし」の精神を持ったファミリーガバナンス

ファミリービジネスの経営者は，目に見える資産だけでなく，目に見えないブランド・信頼などの無形資産も合わせて，後継者に繋ぐという意識を持って経営することが求められます。そのためにも地域貢献を考え公共の意識を持って，直接的にビジネスで関係する相手以外のところにまで気を配る「世間よし」の意識で事業を経営しなくてはいけません。短期的な収益を追い求める経営を律するためには，第三者の監視を必要とする「市場型のコーポレートガバナンス制度」だけではなく，日本的経営の中にあった「三方よし」の精神をもう一度見直すことも必要です。

「三方よし」は江戸時代の近江商人が事業を展開するにあたり意識した概念です。それぞれの経営者は目の前の小事にとらわれることなく大局に立って，あるいは自らの任期の間の利益だけでなく，長期的な視点で地域への貢献を意識して経営する，この視点の高さがファミリービジネスの経営者の重要な資質の１つだといえるでしょう。まず，相手のこと，更には地元経済の成長を考え，その後に自らの利益を考えるという「先義後利」の意識を持ち，長期的な視点で経営する。その概念の中には，「イエ」を守り，後継者に良い環境で事業を承継していこうという意識が含まれています。

明治維新，第二次世界大戦を経て，日本人の考え方，働き方は大きく変化していきます。民法の中での「イエ」の役割が変わったということもありますが，むしろ，高度経済成長の結果，経済的に豊かな社会となったことで，ファミリーメンバーにとって「イエ」に依存する必要性が弱まることとなった影響が大きいと考えられます。都市への人口移動が進み，核家族化が進んだことは，それまでの日本的な経営を大きく変えていく社会的背景となったのではないでしょうか。こうした社会の変化が，日本的な考え方に基づく「ガバナンス」意識を薄れさせ，今日に至ったとも考えられます。

現在，事業承継に直面する会社も増え，ファミリーガバナンスに関する研究が積極的に取り組まれるようになりました。本書のなかで三井家のファミリーガバナンスで見たように，日本人の持っている特性の中には，ファミリーガバナンスを考えるための重要な指針が含まれています。現在の市場環境の変化に対し，その理論を見直し，再構築することが求められているのは間違いないでしょう。もちろん，今の日本経済が世界の中で求められていることとして，コーポレートガバナンス制度を整備することは必要なことですが，同時に，ファミリービジネスについては，いたずらに市場原則に沿ったものにするのではなく，日本の企業文化に合わせて，ファミリーガバナンスの側面とのバランスを取った取り組みも必要です。こうした問題提起が，今後の日本のファミリービジネス研究を発展させていく重要な手掛かりとなり，さらにはファミリービジネスの経営者が現在直面している悩み・課題に対し有効な指針となることを期待して，本書を終えることと致します。

本文注

1　2019年版『中小企業白書』
https://www.chusho.meti.go.jp/pamflet/hakusyo/2019/PDF/2019_pdf_mokujityuu.htm　(2019年11月17日閲覧)。

2　倉科敏材（2008）『オーナー企業の経営―進化するファミリービジネス』中央経済社。

3　中小企業庁：中小企業・小規模企業者の定義／製造業その他：資本金３億円以下又は従業者数300人以下，卸売業：資本金１億円以下又は従業者数100人以下，小売業：資本金５千万円以下又は従業者数50人以下，サービス業：資本金５千万円以下又は従業者数100人以下。
出所：https://www.chusho.meti.go.jp/soshiki/teigi.html　(2019年11月17日閲覧)。

4　帝国データバンク「特別企画：『老舗企業』の実態調査（2019年）」。
https://www.tdb.co.jp/report/watching/press/pdf/p190101.pdf（2019年11月17日閲覧）

5　金剛組は2006年に業績不振により，いったん破産し，経営権は金剛ファミリーより離れ，現在，高松建設グループの１社となっています。

6　倉科敏材（2008）『オーナー企業の経営―進化するファミリービジネス』中央経済社。

7　後藤俊夫監修（2016）『ファミリービジネス白書2015年版―100年経営をめざして―』同友館。

8　加護野忠男（2008）「経営学とファミリービジネス研究」『学術の動向』，編集：学術の動向編集委員会，編集協力：日本学術会議，発行：財団法人 日本学術協力財団。

9　茶木正安（2008）「我国ファミリービジネスのパフォーマンスについて～収益性と市場価値についての実証分析」『日本経営品質学会オンライン2008研究論文』。

10　倉科敏材（2003）『ファミリー企業の経営学』東洋経済新報社。

11　ダニー・ミラー，イザベル・ル・ブルトン＝ミラー，斉藤裕一（翻訳）（2005）『同族経営はなぜ強いのか？（Harvard business school press）』ランダムハウス講談社。Danny Miller, Isabelle Le Breton-Miller “Managing for the Long Run: Lessons in Competitive Advantage from Great Family Businesses”, Harvard Business Press, 2005.

12　デニス・ケニョン・ルヴィネ＋ジョン・L・ウォード（2007）『ファミリービジネス 永続の戦略』ダイヤモンド社。D. Kenyon-Rouvinez & J. Ward., “Family Business: Key Issues（A Family Business Publication）” Palgrave Macmillan,

2005.

13 Ronald C. Anderson & David M. Reeb., "Founding Family Ownership and Firm Performance: Evidence from the S&P 500" The Journal of Finance, Vol Ⅷ, No.3, 2003, pp.1301-1328.

14 日本の税法上では，「同族会社は，会社（投資法人を含む。）の株主等（その会社が自己の株式（投資口を含む。）又は出資を有する場合のその会社を除く。）の３人以下及びこれらの同族関係者の有する株式の数又は出資の金額の合計額が，その会社の発行済株式又は出資（その会社が有する自己の株式又は出資を除く。）の総数又は総額の50％を超える数又は金額の株式又は出資を有する場合，その会社の特定の議決権の50％超を有する場合及びその会社の社員又は業務執行社員の過半数を占める場合におけるその会社をいう」と定められている。国税庁「2. 同族会社」。https://www.nta.go.jp/law/joho-zeikaishaku/hojin/070313/03.htm （2019年11月17日閲覧）

15 倉科敏材（2003）『ファミリービジネスの経営学』東洋経済新報社。この中で倉科は，ファミリービジネスの定義を示しているだけでなく，わが国のファミリービジネスの特徴を正確に描写し，日本企業の中にファミリービジネスが多いことを報告している。

16 A. A.バーリ，G. C.ミーンズ，森杲（翻訳）（2014）『現代株式会社と私有財産』，北海道大学出版会。Adolf A. Berle, Jr. & Gardiner C. Means "The Modern Corporation and Private Property" The Macmillan Company, 1932.

17 井原久光（2016）『テキスト経営学〔第３版〕―基礎から最新の理論まで』ミネルヴァ書房

18 アルフレッド・D・チャンドラーJr.，有賀裕子（翻訳）（2004）『組織は戦略に従う』ダイヤモンド社。Alfred D. Chandler Jr. "Strategy and Structure: Chapters in the History of the American Industrial Enterprise", The MIT Press, 1962.

19 Chandlerは，企業の発展過程において経営の意思決定が個人を基準とする「個人企業；個人または家族が株式を所有し，所有と経営が未分離な伝統的な資本家的企業」から，「家族企業；創業者である企業家とその家族が株式の大多数を所有し，彼らが経営の意思決定に強い発言力をもつ企業」を経て，「経営者企業；所有とは分離した専門的なサラリーマン経営者―専門経営者―によって経営が支配される近代的な企業」へ発展すると考えた。

20 ３サークルモデルは『オーナー経営の存続と継承』で紹介されている。この原著は，「ファミリー論の名著」として評価が高く，ハーバード・ビジネス・スクールの教科書にもなっている。John A. Davis, Marion McCollom Hampton, Kelin E. Gersick, Ivan Lansberg, "Generation to Generation: Life Cycles of the Family

Business" Harvard Business Review Press, 1997。（ジョン・A. デーヴィス，マリオン・マッカラム ハンプトン，ケリン・E. ガーシック，アイヴァン ランズバーグ（著），岡田康司，犬飼みずほ（訳）（1999）『オーナー経営の存続と継承—15年を越える実地調査が解き明かすオーナー企業の発展法則とその実践経営』流通科学大学出版。

21 階戸照雄「ファミリービジネスの現状と課題：日仏の比較から学ぶ」『日仏経営学会誌』第25号，2008年。同論文の中で階戸はデニス・ケニョン・ルヴィネ＋ジョン・L・ウォード（2007）『ファミリービジネス永続の戦略』ダイヤモンド社に基づき，ファミリービジネスのプラス面とマイナス面を整理している。

22 ダニー・ミラー，イザベル・ル・ブルトン＝ミラー，斉藤裕一（翻訳）（2005）『同族経営はなぜ強いのか？（Harvard business school press）』ランダムハウス講談社。Danny Miller, Isabelle Le Breton-Miller "Managing for the Long Run: Lessons in Competitive Advantage from Great Family Businesses", Harvard Business Press, 2005. p.59）

23 「４つのＣ」モデルは『同族経営はなぜ強いのか？』で紹介されている。ダニー・ミラー，イザベル・ル・ブルトン＝ミラー，斉藤裕一（翻訳）（2005）「同族経営はなぜ強いのか？（Harvard business school press）」ランダムハウス講談社。Danny Miller, Isabelle Le Breton-Miller "Managing for the Long Run: Lessons in Competitive Advantage from Great Family Businesses", Harvard Business Press, 2005.

24 Ronald C. Anderson & David M. Reeb., "Founding Family Ownership and Firm Performance: Evidence from the S&P 500" The Journal of Finance, Vol.Ⅷ, No.３, 2003, p1301-1328.

25 「特大特集　ファミリー企業の時代」『日経ベンチャー』2007年４月号18-105頁より。計算根拠：製造業1000社から業種と規模が類似するファミリービジネスと非ファミリー・ビジネス47組を比較（82～92年）。なお，ROE（株主資本利益率）：当期利益/総資産×100，ROA（総資産利益率）：当期利益/総資産×100。

26 当該資料作成における比較基準，引用データの出所は以下の通り。（比較基準）アメリカ：S&P500社から銀行と公益企業を除いた403社をファミリー企業と非ファミリー企業に分けて比較（売上高利益率は92～02年，ROEとROAは92～99年）。フランス：製造業1,000社から業種と規模が類似するファミリー企業と非ファミリー企業47組を比較（82～92年）。日本：東証１部，２部上場企業（金融機関などを除く）の業績データを倉科教授によるファミリー企業と非ファミリー企業の分類を基に作成（02～06年）。（引用データの出典）アメリカ：Jim Lee（2006）"Family Firm Performance : Further Evidence", Roland C. Anderson and David M. Reeb

(2003) "Founding-Family Ownership and Firm Performance : Evidence from the S&P 500"。フランス：José Allouche and Bruno Amann (1997) "Le retour triumphant du capitalism familial?"

27 Jay B. Barney, (2002) "Gaining and Sustaining Competitive Advantage, Second Edition", Pearson Education. (ジェイ・B・バーニー (著), 岡田正大 (訳)『企業戦略論上・中・下』ダイヤモンド社, 2003年12月)。

28 Timothy G. Habbershon, Mary L. Williams (1999), "A Resource-Based Framework for Assessing the Strategic Advantages of Family Firms," Family Business Review, Vol. XII, No.1, March 1999.

29 SECIモデルは,「Socialization (共同化)」「Externalization (表出化)」,「Combination (連結化)」「Internalization (内面化)」の頭文字をとったもので,組織の知識は現場で発生する暗黙知が形式知に転換することで, 創造されることを示している。Ikujiro Nonaka & Hirotaka Takeuchi, "The Knowledge-Creating Company: How Japanese Companies Create the Dynamics of Innovation", 1995, Oxford University Press.野中郁次郎, 竹内弘高 (著), 梅本勝博訳『知識創造企業』東洋経済新報社, 1996年3月)。

30 James C. Collins & Jerry I. Porras, "Built to Last", 1994, Harper Business. (山岡洋一訳『ビジョナリーカンパニー　時代を超える生存の原則』日経BP出版センター, 1995年9月)。

31 Francis Fukuyama, (1996) "Trust: The Social Virtues and the Creation of Prosperity", 1995, Penguin Books. (加藤寛訳『「信」無くば立たず』三笠書房, 1996年4月)。

32 Sharma, Chrisman & Gersick (2012) によれば, 過去25年間で, ファミリービジネス研究における最も影響力のあった3つの書籍の1つとされている。

33 ジョン・A. デーヴィス, マリオン・マッカラム ハンプトン, ケリン・E. ガーシック, アイヴァン ランズバーグ, 岡田康司 (翻訳), 犬飼みずほ (翻訳) (1999)「オーナー経営の存続と継承―15年を越える実地調査が解き明かすオーナー企業の発展法則とその実践経営」流通科学大学出版。J. A. Davis, M. M. Hampton, K.E. Gersick, I. Lansberg, (1997) Generation to Generation: Life Cycles of the Family Business, Harvard Business School Press.

34 ダニー・ミラー, イザベル・ル・ブルトン＝ミラー (著), 斉藤裕一 (訳) (2005)『同族経営はなぜ強いのか? (Harvard business school press)』ランダムハウス講談社。Danny Miller, Isabelle Le Breton-Miller "Managing for the Long Run: Lessons in Competitive Advantage from Great Family Businesses", Harvard Business Press, 2005.

35　ランデル カーロック，ジョン ワード（著），階戸照雄（訳）(2015)『ファミリービジネス 最良の法則』ファーストプレス。R. Carlock , J. Ward (2010), "When Family Businesses are Best: The Parallel Planning Process for Family Harmony and Business Success", Palgrave Macmillan, 2010 edition.

36　Monks, R. A., and Minow, N., Watching the watchers: Corporate Governance for the 21st century, Blackwell Publishers, 1996 (revised edition of Corporate Governance, 1995) p. 1.（ロバート・A・G・モンクス＆ネル・ミノウ著，ビジネス・ブレイン太田昭和訳『コーポレート・ガバナンス』生産性出版（1999年，20頁）

37　株式会社東京証券取引所「コーポレートガバナンス・コード～会社の持続的な成長と中長期的な企業価値の向上のために～」2018年6月1日
https://www.jpx.co.jp/news/1020/nlsgeu000000xbfx-att/nlsgeu0000034qt1.pdf
(2019年11月17日閲覧)

38　首藤惠・竹原均は，「コーポレートガバナンスの枠組みの中でCSRに戦略的に取り組むことができる」ことを示している（早稲田大学ファイナンス総合研究所ワーキングペーパー「企業の社会的責任とコーポレート・ガバナンス―非財務情報開示とステークホルダー・コミュニケーション―」WIF-07-006：November 2007)。また，経済産業省は，「企業の社会的責任とは，企業が社会や環境と共存し，持続可能な成長を図るため，その活動の影響について責任をとる企業行動であり，企業を取り巻く様々なステークホルダーからの信頼を得るための企業のあり方」を指すとしている。（企業会計，開示，CSR（企業の社会的責任）政策 https://www.meti.go.jp/policy/economy/keiei_innovation/kigyoukaikei/index.html　2019年11月26日閲覧）

39　Yasuo Goto, Scott Wilbur (2018), "Unfinished business: Zombie firms among SME in Japan's lost decades", Japan and the World Economy. 後藤康雄「日本の中小企業部門の効率性について―ゾンビ企業仮説と企業規模の視点から」独立行政法人経済産業研究所Research Digest。
https://www.rieti.go.jp/jp/publications/rd/122.html (2019年11月17日閲覧)

40　田中一弘（2014)『「良心」から企業統治を考える』東洋経済新報社

41　伊藤雅俊，末村篤（2018)『伊藤雅俊　遺す言葉』セブン＆アイ出版

42　スチュワードシップ理論では，性善説的に人は成長や達成の欲求を持ち自己実現する存在として捉え，さまざまな契約関係において，自分の利益よりも組織や社会の利益につながる行動を選択し，組織や社会の目的を達成するために最大限努力することとなる。ファミリービジネスでは，経営者をはじめ関係者が，企業をよくするために積極的に行動すると考えられるため，その行動を縛るようなガバナンスの

ルールは必ずしも必要とされないと考えられる。

43 Ivan Lansberg (1999) "Succeeding Generations: Realizing the Dream of Families in Business" Harvard Business Review Press.

44 エージェンシー理論では，人間はすべての情報を入手できず判断も必ずしも公平ではなく（限定合理的），利己的に行動するものと考える。その前提に立つと，依頼人（プリンシパル）が権限を委譲する相手であるエージェント（代理人）との間で結ばれる契約関係というものは，プリンシパルにとって，エージェントが勝手な行動（機会主義的行動）をとらないように抑制・拘束するために必要なものだと考えられる。こうした一連の活動の結果，生じる資源の非効率な配分や利用の問題がエージェンシー問題と呼ばれるものである。ファミリービジネスをエージェンシー理論で説明するという考えは多くの先行研究（Lansberg（1999）のほか，Neubauer & Lank（1998），Gersick et al（1997）など）の指摘と整合している。
Neubauer, Fred, Lank, Alden G.,（1998）"The Family Business Its Governance for Sustainability" Routledge.

45 ファミリーガバナンスに係る仕組みのうち，ファミリーミーティングは一族関係者の「日常的会合（ファミリー集会）」を指し，ファミリー・アセンブリーはファミリーの「年次総会」，ファミリーカウンシルは「諸会議・会合を円滑に準備・運営するための事務局」を指す。

46 Neubauer, Fred, Lank, Alden G.,（1998）"The Family Business Its Governance for Sustainability" Routledge. Ward, J.L.（1987）"Keeping the Family Business Healthy: How to Plan for Continuous Growth, Profitability, and Family Leadership", Jossey-Bass.

47 田中一弘『「良心」から企業統治を考える』東洋経済新報社

48 ベネディクト『菊と刀』では，欧米ではキリスト教精神を背景にした「罪の文化」で個人行動が律せられるのに対し，日本では「恥の文化」に基づいて自ら行いを慎むことになるということを示している。ルース・ベネディクト（著），長谷川松治（訳）（2005）『菊と刀』講談社。

49 日本企業における「イエの論理」による経営については以下の書籍が詳しい。村上泰亮，公文俊平，佐藤誠三郎（1979）『文明としてのイエ社会』中央公論社。三戸公（1991）『家の論理１』『家の論理２』文眞堂。

50 ファミリービジネスとイエ制度の関係については，下記論文を参照。T. Shinato, K. Kato（2018）"Japanese corporate governance structure review and 'the logic of Ié'" International Journal of Business and Globalisation, Vol. 20, No. 3 , 2018.

51 朝尾直弘監修，住友史料館編集（2013）『住友の歴史　上巻・下巻』思文閣出版。

52 林玲子，大石慎三郎（1995）『流通列島の誕生』講談社現代新書。

53 荒田弘司（2006）『江戸商家の家訓に学ぶ商いの原点』スバル舎。吉田實男（2010）『商家の家訓―経営者の熱きこころざし』清文社。

54 荒田弘司（2006）『江戸商家の家訓に学ぶ商いの原点』スバル舎。

55 末永國紀（2000）『近江商人　現代を生き抜くビジネスの指針』中公新書。末永國紀（2017）『近江商人学入門 改訂版：CSRの源流 三方よし』淡海文庫。

56 「宗竺遺書」は，近世の三井家同苗（ファミリー）と事業を規定するものであった。近世における三井家同苗（ファミリー）のガバナンスにかかる根本を定めたものと考えられる。近世を通じて，ファミリーの結束の象徴・立ち戻る原点として位置づけられた。「宗竺遺書」では，心を一つにし，身を慎み，上下を和して家業を励むべきことが強調され，人それぞれの心をくみ取り，自分の知っていることをさせよと記載されている。また「宗竺遺書」では三井家同苗（ファミリー）が事業・資産を共有したうえで，権利を220分割して本家・連家毎の権利を持つ割合を定めている。こうして事業・資産がバラバラになることを抑止したものと考えられる。

57 三井文庫編『史料が語る　三井のあゆみ―越後屋から三井財閥』（吉川弘文堂，2015年）

58 麻島昭一『戦後期住友財閥経営史』（東京大学出版会，昭和58年）

59 1710（宝永７）年に京都に置かれた「大元方」は，三井家同苗（ファミリー）代表者と奉公人の合議制で運営され，大元方と各店の財務上の関係が定められた。各店は「本店一巻（ほんだないちまき，呉服業）」と両替店一巻（りょうがえだないちまき，金融業）に組み込まれ，各店の利益を大元方に吸収し，改めて各店へ営業資金を融資する制度に改められた。三井家同苗（ファミリー）も大元方の統制を受け，三井家家訓「宗竺遺書」の規定に従い，資産の持ち分や利益の分配比率等が決められていた。

60 三井文庫編『史料が語る　三井のあゆみ―越後屋から三井財閥』（吉川弘文堂，2015年）

61 明治33年の三井家憲の施行により三井家同族会事務局に改称。

62 井上馨は明治の元勲。明治６年に一時野に下った折に三井物産の前身となる先収会社を設立，その後外務・大蔵・内務大臣を歴任した。

63 「三井家憲」では，同族の範囲を定めるとともに，同族の義務として，同族は同心協力すべきこと，節倹の家風を保持すべきことなどの心構えとともに，各営業店で営業に従事すべきことも求めている。そして，同族の具体的な制限として政党に加入あるいは公然政治に関係すること，負債をなすこと，債務の保証をなすことが禁止された。また，商工業を営むこと，商工業へ出資すること，三井関係以外の役員・社員になること，官務・公務につくことには同族会の許可を要するとされた。また，「三井家憲」では，同族の財産と支出には三井家同族会による強い規制がかかる構造となっていた。同族の財産は，営業資産，共同財産，家産に分けられる。営業資産は，三井家の事業への投資資産と営業準備金であった。共同財産は，同族各家の災厄の救助・同族共同の臨時負担・営業資金増加の準備に当てられた。このうち，営業資産と共同財産は，三井家同族の共有財産として三井家同族会の管理下で運用されることとされた。また，各営業店からの利益配当金から，同族予備積立金（共同財産）や各家準備積立金への積立が義務づけられており，それらの管理は同族会が行い，同族会の決議を経なければ支出できないこととされた。また，社員が戸主権を失った場合には，社員の権利義務は家督相続人に承継されるものとし，社員が持分の一部または全部を他人に譲渡または担保に差し入れることを禁止することとされた。

64　安岡重明「〔総論〕日本財閥の歴史的位置『日本経営史講座第三巻　日本の財閥』（日本経済新聞社，昭和51年）

65　財閥の定義はいくつかある。森川英正氏は「富豪の家族・同族の封鎖的な所有・支配下に成り立つ多角的事業経営体（森川英正（1980）『財閥の経営史的研究』東洋経済新報社」とし，安岡重明氏は「財閥とは，家族または同族によって出資された親会社（持ち株会社）が中核となり，親会社が支配している諸企業（子会社）に多種の産業を経営させている企業集団（安岡重明（1990）『財閥の経営史』社会思想社）」石井寛治氏は「同族支配下にある独占的地位を持つ多角的事業経営（石井寛治（1992）『日本の産業化と財閥』岩波書店）」と述べている。いずれの定義もファミリーが事業運営に重要な役割を果たしているという意味では共通しており，ファミリービジネスであることは間違いない。（参考：武田晴人（1995）『財閥の時代』新潮社）

66　三井合名会社による傘下事業会社を統括する手段としては，①傘下会社の取締役会報告の提出，②各社株主総会前における事業報告会の開催，③経理などに関する報告書の提出，④各社役員への人員派遣，⑤各社役員・幹部人事についての事前承認等があった。また，傘下会社の重要議案の審議制度が導入された。

67　パラレル・プランニング・プロセス・モデルは，発表当時IMDの教授であり，現在ノースウエスタン大学のファミリービジネス・センターの教授であるWard教授がINSEADのカーロック教授と唱えたモデルである。2001年に“Strategic Planning for the Family Business”『ファミリービジネスのための戦略的プランニング（仮訳）R.S. Carlock, J.L.Ward, (2001) Strategic Planning for the Family Business: Parallel Planning to Unify the Family and Business, Palgrave』で紹介されている。この本は，INSEADのカーロック教授とノースウエスタン大学院のワード教授の共著によるものである。なお，『ファミリービジネスのための戦略的プランニング（仮訳）』は内容的にはワード教授が1987年に発表した“Keeping the Family

Business Healthy（『ファミリービジネスを健全に保つ』（仮訳））” Ward, J. L.（1987）“Keeping the Family Business Healthy”, San Francisco: Jossey-Bass, 1987の改訂版の位置付けである。

68　５つのステップについては「ランデル カーロック，ジョン ワード（著），階戸照雄（翻訳）（2015）『ファミリービジネス 最良の法則』ファーストプレス。R. Carlock , J. Ward（2010）,“When Family Businesses are Best: The Parallel Planning Process for Family Harmony and Business Success”, Palgrave Macmillan, 2010 edition.」の80頁から97頁に概略が示され，その後，各章で詳細が説明されている。

69　投資判断基準については，同上書275頁，投資マトリクスは277頁に示される。

70　「生態系」とはビジネスエコシステムとも言う。企業や組織は，外部との関係性の中で存在する。生態系（ビジネスエコシステム）とは，企業や顧客をはじめとする多数の要素が集結し，分業と協業による共存共栄の関係のことである。そう考えると，すべての企業は何らかのあるいは複数の生態系のなかで存在していると考えられる。そして，ある要素が直接他の要素の影響を受けるだけではなく，他の要素の間の相互作用からも影響を受けることになるのである（平成30年版「情報通信白書」に基づき筆者作成）。

71　個人の課税所得が1,200万円のときにかかる所得税＋住民税＝（1,200万円×33%－153.6万円）＋（1,200万円×10%）＝362.4万円
362.4万円÷1,200万円≒30.2%（＞法人の実効税率29.74%）
なお，本件試算は基礎控除，復興特別所得税等を考慮しない大雑把なものであることをお断りしておく。また，法人税，所得税等の税率も将来的には変動する可能性がある。税率については国税庁ＨＰを参照されたい。（https://www.nta.go.jp/2019年11月28日閲覧）

72　既存の普通株式を種類株式化するためには，会社法上の規定はないが，実務上，株主全員が同意すれば実現できる。

73　平成20年９月，信託を活用した中小企業の事業承継円滑化に関する研究会「中間整理～信託を活用した中小企業の事業承継の円滑化に向けて～」８頁参照

74　村上泰亮・公文俊平・佐藤誠三郎（1979）「文明としてのイエ社会」中央公論新社。

75　田中一弘（2014）『「良心」から企業統治を考える』東洋経済新報社

参考文献

朝尾直弘監修，住友史料館編集（2013）『住友の歴史　上巻・下巻』思文閣出版
麻島昭一『戦後期住友財閥経営史』（東京大学出版会，昭和58年）
荒田弘司（2006）『江戸商家の家訓に学ぶ商いの原点』スバル舎
アルフレッド・D・チャンドラーJr（著）.，有賀裕子（訳）（2004）『組織は戦略に従う』ダイヤモンド社（Alfred D. Chandler Jr. “Strategy and Structure: Chapters in the History of the American Industrial Enterprise”, The MIT Press, 1962.）
伊藤雅俊，末村篤（2018）『伊藤雅俊 遺す言葉』セブン＆アイ出版
井原久光（2016）『テキスト経営学〔第３版〕―基礎から最新の理論まで』ミネルヴァ書房
大坪和敏監修（2017）『図解　会社法　平成29年版』大蔵財務協会
加護野忠男（2008）「経営学とファミリービジネス研究」『学術の動向』，編集：学術の動向編集委員会，編集協力：日本学術会議，発行：財団法人 日本学術協力財団
倉科敏材（2003）『ファミリービジネスの経営学』東洋経済新報社
倉科敏材（2008）『オーナー企業の経営―進化するファミリービジネス』中央経済社
後藤俊夫監修（2016）『ファミリービジネス白書 2015年版―100年経営をめざして―』同友館
茶木正安（2008）「我国ファミリービジネスのパフォーマンスについて～収益性と市場価値についての実証分析」『日本経営品質学会オンライン2008研究論文』
佐藤信祐・岡田貴子（2013）『組織再編による事業承継対策』清文社
階戸照雄『ファミリービジネスの現状と課題：日仏の比較から学ぶ』日仏経営学会誌第25号，2008年
ジェイ・B・バーニー（著），岡田正大（訳）『企業戦略論上・中・下』ダイヤモンド社，2003年12月（Jay B. Barney,（2002）“Gaining and Sustaining Competitive Advantage, Second Edition”, Pearson Education.）
首藤惠・竹原均「企業の社会的責任とコーポレート・ガバナンス－非財務情報開示とステークホルダー・コミュニケーション－」早稲田大学ファイナンス総合研究所ワーキングペーパー　WIF-07-006：November 2007）
ジョン・A. デーヴィス，マリオン・マッカラム ハンプトン，ケリン・E. ガーシック，アイヴァン ランズバーグ，岡田康司（翻訳），犬飼 みずほ（翻訳）（1999）『オーナー経営の存続と継承―15年を越える実地調査が解き明かすオーナー企業の発展法則とその実践経営』流通科学大学出版。（J.A. Davis, M.M. Hampton, K.E. Gersick, I. Lansberg,（1997）Generation to Generation: Life Cycles of the Family Business, Harvard Business School Press.）

末永國紀（2000）『近江商人　現代を生き抜くビジネスの指針』中公新書
末永國紀（2017）『近江商人学入門 改訂版：CSRの源流 三方よし』淡海文庫
末廣昭（2006）『ファミリービジネス論　後発工業化の担い手』名古屋大学出版会
税理士法人プライスウォーターハウスクーパース（2013）『完全ガイド事業承継・相続対策の法律と税務』税務研究会出版局
武内孝夫，森村宗冬，久能木紀子，藤井淳（2015）『財閥の日本史』洋泉社
武田晴人（1995）『財閥の時代』新潮社
田中一弘（2014）『「良心」から企業統治を考える』東洋経済新報社
ダニー・ミラー，イザベル・ル・ブルトン＝ミラー，斉藤 裕一（翻訳）（2005）『同族経営はなぜ強いのか？』（Harvard business school press）ランダムハウス講談社。Danny Miller, Isabelle Le Breton-Miller “Managing for the Long Run: Lessons in Competitive Advantage from Great Family Businesses”, Harvard Business Press, 2005.
デニス・ケニョン・ルヴィネ＋ジョン・L・ウォード（2007）『ファミリービジネス永続の戦略』ダイヤモンド社。D. Kenyon-Rouvinez & J. Ward., “Family Business: Key Issues（A Family Business Publication）” Palgrave Macmillan, 2005.
中須悟，タナベ経営ファミリービジネスコンサルティングチーム（2018）『ホールディング経営はなぜ事業承継の最強メソッドなのか』ダイヤモンド社
日経ベンチャー「特大特集　ファミリー企業の時代」2007年４月号
野中郁次郎，竹内弘高（著），梅本勝博（訳）『知識創造企業』東洋経済新報社，1996年３月（Ikujiro Nonaka & Hirotaka Takeuchi,” The Knowledge-Creating Company: How Japanese Companies Create the Dynamics of Innovation”, 1995, Oxford University Press.）
林玲子，大石慎三郎（1995）『流通列島の誕生』講談社現代新書
バーリ・A・A，ミーンズ・G・C，森杲（翻訳）（2014）『現代株式会社と私有財産』，北海道大学出版会。Adolf A. Berle, Jr. & Gardiner C. Means “The Modern Corporation and Private Property” The Macmillan Company, 1932.
広中俊雄，星野英一（1998）『民法典の百年Ⅰ・Ⅳ』有斐閣
ファミリービジネス白書企画編集委員会（2018）『ファミリービジネス白書2018年版―100年経営とガバナンス―』白桃書房
ファミリービジネス学会（2016）『日本のファミリービジネス』中央経済社
フランシス・フクヤマ著，加藤寛訳『信無くば立たず』三笠書房，1996年４月（Francis Fukuyama,（1996）“Trust: The Social Virtues and the Creation of Prosperity”, 1995, Penguin Books.）
發知敏雄・箱田順哉・大谷隼夫（2015）『持株会社の実務　第７版』東洋経済新報社

三井文庫編集・発行，村和明，下向井紀彦，木庭俊彦，吉川容著（2015）『史料が語る三井のあゆみ―越後屋から三井財閥―』吉川弘文館
三戸公（1991）『家の論理１』『家の論理２』文眞堂
村上泰亮，公文俊平，佐藤誠三郎（1979）『文明としてのイエ社会』中央公論社
森井昭仁（2015）『非上場会社の事業承継における安定株主活用の法務・税務』税務経理研究会
安岡重明（1976）「〔総論〕日本財閥の歴史的位置」『日本経営史講座第三巻　日本の財閥』日本経済新聞社
ジェームズ・コリンズ，ジェリー・ポラス，山岡洋一訳（1995）『ビジョナリーカンパニー　時代を超える生存の原則』日経BP出版センター（James C, Collins & Jerry I Porras, “Built to Last”, 1994, Harper Business.）
吉田實男（2010）『商家の家訓―経営者の熱きこころざし』清文社
ランデル カーロック，ジョン ワード（著），階戸照雄（訳）（2015）『ファミリービジネス 最良の法則』ファーストプレス。R. Carlock , J. Ward（2010），“When Family Businesses are Best: The Parallel Planning Process for Family Harmony and Business Success”, Palgrave Macmillan, 2010 edition.
ルース・ベネディクト，長谷川松治（訳）（2005）『菊と刀（講談社学術文庫）』講談社
ロバート・A・G・モンクス＆ネル・ミノウ著，ビジネス・ブレイン太田昭和訳（1999）『コーポレート・ガバナンス』生産性出版（Monks, R. A., and Minow, N., Watching the watchers: Corporate Governance for the 21st century, Blackwell Publishers, 1996（revised edition of Corporate Governance, 1995））

Ivan Lansberg（1999）“Succeeding Generations: Realizing the Dream of Families in Business” Harvard Business Review Press.
Neubauer, Fred, Lank, Alden G.,（1998）“The Family Business Its Governance for Sustainability” Routledge.
Ronald C. Anderson & David M. Reeb., “Founding Family Ownership and Firm Performance: Evidence from the S&P 500” The Journal of Finance, Vol. Ⅷ, No. 3 , 2003, pp.1301-1328.
Sharma, Chrisman & Gersick（2012）“25 Years of Family Business Review: Reflections on the Past and Perspectives for the Future” Family Business Review, 25（1）5–15
Teruo Shinato, Koji Kato（2018）“Japanese corporate governance structure review and ‘the logic of Ié’ ” International Journal of Business and Globalisation, Vol. 20,

No. 3, 2018.
Timothy G. Habberson, Mary L. Williams (1999), "A Resource-Based Framework for Assessing the Strategic Advantages of Family Firms," Family Business Review, Vol. XII, No. 1, March 1999.
Yasuo Goto, Scott Wilbur (2018), "Unfinished business: Zombie firms among SME in Japan's lost decades", Japan and the World Economy.
Ward, J. L. (1987) "Keeping the Family Business Healthy: How to Plan for Continuous Growth, Profitability, and Family Leadership", Jossey-Bass

＜ホームページ等＞

経済産業省「企業会計，開示，CSR（企業の社会的責任）政策）」
https://www.meti.go.jp/policy/economy/keiei_innovation/kigyoukaikei/index.html 2019年11月26日閲覧）
国税庁ＨＰ https://www.nta.go.jp/ 2019年11月28日閲覧）
国税庁「２．同族会社」
https://www.nta.go.jp/law/joho-zeikaishaku/hojin/070313/03.htm （2019年11月17日閲覧）
後藤康雄「日本の中小企業部門の効率性について－ゾンビ企業仮説と企業規模の視点から」独立行政法人経済産業研究所Research Digest
https://www.rieti.go.jp/jp/publications/rd/122.html （2019年11月17日閲覧）
総務省「平成30年版 情報通信白書」
http://www.soumu.go.jp/johotsusintokei/whitepaper/ja/h30/pdf/index.html 2019年12月１日閲覧
中小企業庁「2019年版 中小企業白書」
https://www.chusho.meti.go.jp/pamflet/hakusyo/2019/PDF/2019_pdf_mokujityuu.htm （2019年11月17日閲覧）
中小企業庁：中小企業・小規模企業者の定義
https://www.chusho.meti.go.jp/soshiki/teigi.html （2019年11月17日閲覧）
中小企業庁「中間整理～信託を活用した中小企業の事業承継の円滑化に向けて～平成20年９月」
https://www.chusho.meti.go.jp/zaimu/shoukei/2008/080901sintaku.htm, https://www.chusho.meti.go.jp/zaimu/shoukei/2008/download/080901shokei_chun.pdf 2019年12月１日閲覧
帝国データバンク「特別企画：『老舗企業』の実態調査（2019年）
https://www.tdb.co.jp/report/watching/press/pdf/p190101.pdf（2019年11月17日

閲覧）
東京証券取引所「コーポレートガバナンス・コード～会社の持続的な成長と中長期的な企業価値の向上のために～」2018年６月１日
https://www.jpx.co.jp/news/1020/nlsgeu000000xbfx-att/nlsgeu0000034qt1.pdf（2019年11月17日閲覧）

索　引

英　数

あ　行

か　行

さ 行

た　行

な　行

は　行

ま　行

や　行

ら　行

＜編著者紹介＞

階戸照雄（しなと・てるお）

日本大学大学院総合社会情報研究科　教授。日本大学博士（国際関係）
1978年大阪外国語大学（現・大阪大学）卒業，富士銀行（現・みずほフィナンシャルグループ）入行。社費留学中，INSEAD MBA取得，2003年朝日大学経営学部教授，2006年日本大学大学院総合社会情報研究科教授，2012年同研究科長
専攻：経営戦略，ファミリービジネス，財務会計
主著：『ファミリービジネス最良の法則』（翻訳）（2015，ファーストプレス），『日本のファミリービジネス　第1章（日本は世界一のファミリービジネス大国）・第7章（ファミリービジネスのガバナンス）』（2016，中央経済社），『これからの銀行論』（2019，中央経済社）など
連絡先：shinato.teruo@nihon-u.ac.jp

加藤孝治（かとう・こうじ）

日本大学大学院総合社会情報研究科　教授。日本大学博士（総合社会文化）
1988年京都大学経済学部卒業，日本興業銀行（現・みずほフィナンシャルグループ）入行。在籍中に日本大学大学院総合社会情報研究科博士後期課程修了。2015年目白大学経営学部教授，2019年日本大学大学院総合社会情報研究科教授
専攻：流通論，経営組織論，ファミリービジネス
主著：『Next Marketを見据えた食品企業のグローバル戦略』（2015，ぎょうせい），『ようこそ小売業の世界に―先人に学ぶ商いのこころ―』（2015，商業界），『日本のファミリービジネス　第5章（ファミリーアントレプレナーの特性）』（2016，中央経済社）。『これからの銀行論』（2019，中央経済社）など
連絡先：kato.koji115@nihon-u.ac.jp

＜著者紹介＞

三井住友信託銀行株式会社

三井住友トラスト・グループの中核企業。個人取引部門では不動産を含めた資産運用や管理・承継に関する幅広いサービス，法人取引部門では銀行，信託，不動産などの各機能を融合させたサービスを提供する。プライベートバンキング業務では，長年蓄積された「信託銀行ならではの資産にかかわる豊富な知識と経験」と「社内外のスペシャリストが連携し資産を守る総合力」を結集し，質の高いサービスを展開。その一環として実務家の立場でファミリービジネスに資するコンサルティングにも積極的に取り組む。

執筆者

谷本篤洋　上席理事（ウェルス・マネジメント部担当，前執行役員プライベートバンキング部長）

水谷公彦　特別理事（プライベートバンキング企画推進部主管）（第３章第２節・第３節）

石井　隆　ウェルス・マネジメント部主管・上級主席財務コンサルタント（第６章）

森口　明　ウェルス・マネジメント部主任財務コンサルタント（第５章第２節）

デロイト トーマツ税理士法人　ファミリーコンサルティング

日本最大級の監査法人グループ「デロイトトーマツ グループ」の一員であると同時に，世界四大会計事務所の一つ「デロイト トウシュ トーマツ リミテッド」のメンバーファームの一員でもある。国内外での豊富な実績を誇る税務サービスに加え，監査・コンサルティング・ファイナンシャルアドバイザリー・法務の領域でも総合的なサービスを提供する。ファミリーコンサルティングはグローバルネットワークを活かしオーナーファミリー及びファミリービジネスに寄り添う「番頭さん」機能をワンストップで揃え，世代を超えた家族と事業の成長と継承を支援する。www.deloitte.com/jp/family-consulting-jp

執筆者（第５章第１節・第３節）

樋口亮輔　ファミリーコンサルティング　パートナー

森　一真　ファミリーコンサルティング　シニアマネジャー

ファミリーガバナンス——スムーズな事業承継を実現するために

2020年6月15日　第1版第1刷発行

編著者　階　戸　照　雄
　　　　加　藤　孝　治
発行者　山　本　　　継
発行所　㈱中央経済社
発売元　㈱中央経済グループ
　　　　パブリッシング

〒101-0051　東京都千代田区神田神保町1-31-2
電話　03（3293）3371（編集代表）
03（3293）3381（営業代表）
http://www.chuokeizai.co.jp/

印刷／東光整版印刷㈱
製本／㈲井上製本所

ISBN 978-4-502-34471-8　C3034